# Druidismo del cerco

*La guía definitiva del druidismo, el animismo, la magia druida, la hechicería celta, Ogham y los rituales de druidas solitarios*

© Copyright 2023

Todos los derechos reservados. Ninguna parte de este libro puede ser reproducida de ninguna forma sin el permiso escrito del autor. Los revisores pueden citar breves pasajes en las reseñas.

Descargo de responsabilidad: Ninguna parte de esta publicación puede ser reproducida o transmitida de ninguna forma o por ningún medio, mecánico o electrónico, incluyendo fotocopias o grabaciones, o por ningún sistema de almacenamiento y recuperación de información, o transmitida por correo electrónico sin permiso escrito del editor.

Si bien se ha hecho todo lo posible por verificar la información proporcionada en esta publicación, ni el autor ni el editor asumen responsabilidad alguna por los errores, omisiones o interpretaciones contrarias al tema aquí tratado.

Este libro es solo para fines de entretenimiento. Las opiniones expresadas son únicamente las del autor y no deben tomarse como instrucciones u órdenes de expertos. El lector es responsable de sus propias acciones.

La adhesión a todas las leyes y regulaciones aplicables, incluyendo las leyes internacionales, federales, estatales y locales que rigen la concesión de licencias profesionales, las prácticas comerciales, la publicidad y todos los demás aspectos de la realización de negocios en los EE. UU., Canadá, Reino Unido o cualquier otra jurisdicción es responsabilidad exclusiva del comprador o del lector.

Ni el autor ni el editor asumen responsabilidad alguna en nombre del comprador o lector de estos materiales. Cualquier desaire percibido de cualquier individuo u organización es puramente involuntario.

# Su regalo gratuito

¡Gracias por descargar este libro! Si desea aprender más acerca de varios temas de espiritualidad, entonces únase a la comunidad de Mari Silva y obtenga el MP3 de meditación guiada para despertar su tercer ojo. Este MP3 de meditación guiada está diseñado para abrir y fortalecer el tercer ojo para que pueda experimentar un estado superior de conciencia.

https://livetolearn.lpages.co/mari-silva-third-eye-meditation-mp3-spanish/

# Tabla de contenidos

INTRODUCCIÓN...................................................................................................1
CAPÍTULO 1: DEL DRUIDISMO AL DRUIDISMO DEL CERCO.....................3
CAPÍTULO 2: EL *AWEN* Y LA COSMOLOGÍA CELTA.................................13
CAPÍTULO 3: ABRIR LA MENTE A LA NATURALEZA................................23
CAPÍTULO 4: CONOZCA A SUS ALIADOS ESPIRITUALES.........................32
CAPÍTULO 5: VIAJE AL OTRO MUNDO.........................................................43
CAPÍTULO 6: HIERBAS, PLANTAS Y ÁRBOLES SAGRADOS.....................53
CAPÍTULO 7: LECTURA DEL ALFABETO ARBÓREO..................................57
CAPÍTULO 8: ADIVINACIÓN OGHAM.............................................................68
CAPÍTULO 9: DÍAS SAGRADOS Y CÓMO CELEBRARLOS POR SU CUENTA............................................................................................................74
CAPÍTULO 10: HECHIZOS Y RITUALES........................................................84
CONCLUSIÓN......................................................................................................92
VEA MÁS LIBROS ESCRITOS POR MARI SILVA........................................94
SU REGALO GRATUITO...................................................................................95
REFERENCIAS....................................................................................................96

# Introducción

En este libro, exploramos el druidismo del cerco de forma compleja, pero como el druidismo del cerco es una rama del maravilloso camino espiritual del druidismo, usted debe entender primero de lo que este se trata.

Sin ánimo de confundir, los druidas son muchas cosas. Son sacerdotes, mensajeros, científicos, filósofos, maestros, líderes, guías y más. Están en sintonía con el mundo natural y espiritual y tienen conexiones con monumentos antiguos como Stonehenge. Creían en la igualdad desde todas sus formas, antes de que se convirtiera en una cuestión política en el mundo moderno.

Pero el druidismo también es una filosofía incomprendida y, a veces, confusa. Cuando las personas no conocen mucho sobre el druidismo, a menudo malinterpretan de lo que se trata. ¿Hacen conjuros durante la luna llena? ¿Son un culto que usa túnicas para ocultar su identidad? ¿Pueden los druidas convertirse en animales? Las películas y los programas de televisión han retratado el druidismo de ciertas maneras y, aunque mucho es verdad, hay mucha información falsa.

Este libro lo pondrá en el camino correcto para obtener el conocimiento y la perspicacia de lo que es el druidismo y cómo aplicarlo a su vida en el mundo moderno. Al principio, hay una lección rápida de historia, pero no se preocupe; la información es solo para que pueda construir sobre este conocimiento y entender lo que significa realmente ser un druida.

Una vez que tenga los fundamentos, pasará rápidamente a la aplicación, que es de lo que trata este libro. Usted aprenderá lo que significa ser un verdadero druida, y no un druida simple, sino un druida del cerco. Entonces tendrá la oportunidad de comenzar a practicar lo que sabe, incluso visitando el mundo espiritual y realizando magia druida.

Esto es un viaje y comienza con el primer paso. Así que, cuando esté listo, pase a la siguiente página y comience su asombroso viaje druida.

# Capítulo 1: Del druidismo al druidismo del cerco

Comencemos con el druidismo en general antes de sumergirnos en el asombroso mundo del druidismo del cerco.

## ¿Qué es el druidismo?

Comencemos con un contexto temporal.

El druidismo o los druidas han existido durante siglos. Aunque el druidismo antiguo es a menudo pensado como dominado por los hombres, los druidas siempre han promovido la igualdad de género. La concepción moderna de los druidas es que son hombres y mujeres con túnicas largas que participan en reuniones y rituales clandestinos. Aunque algo de eso puede ser verdad, el druidismo verdadero no se trata tanto sobre lo oculto, sino sobre lo visible. El druidismo no ha cambiado mucho a través de los años y, aunque las túnicas pueden haber sido cambiadas por atuendos más modernos, probablemente las llevaban solo porque eran prácticas; una túnica en una noche fría bajo la luna era una opción de moda y apropiada.

**Los druidas existen desde hace siglos**
*https://pixabay.com/es/photos/magia-bosque-brujer%c3%ada-fantas%c3%ada-6585335/*

Cuando se piensa en el druidismo, ciertas palabras vienen a menudo a la mente, espiritual, místico, poderoso, conocimiento y magia. Debido a esto, las personas a menudo son prejuiciosas. Creen que los druidas son personas poderosas, y todos sabemos lo que el poder le hace a la gente, especialmente en nuestro mundo moderno. No se preocupe. Todo lo que usted ha oído sobre el druidismo es verdad, excepto la voluntad de dominar el mundo o usar los poderes negativamente. Después de entrenar y concentrarse, puede sumergirse en el poder y la magia por usted mismo.

Nadie está muy seguro de dónde viene la palabra «druida» ni qué significa, hay muchas traducciones posibles. La teoría más extendida es que proviene de una antigua palabra irlandesa que significa conocimiento o sabiduría. Eso encajaría ciertamente con el druidismo.

Las religiones del mundo se pueden dividir en subcategorías, teísmo, chamanismo, paganismo, etc. El druidismo es una religión chamánica. Es una religión que combina prácticas médicas como el consumo de hierbas y otras medicinas naturales para enfermedades y dolencias y el contacto con la naturaleza y otros espíritus para ayudar en el tratamiento. Es una religión arraigada en el mundo físico, vinculada a las leyes universales y al conocimiento que contienen; y en el mundo espiritual y los seres que están fuera de nuestra vista y alcance. En esencia, es una estructura de creencias centrada en el conocimiento; parte de ese conocimiento está más allá de lo que muchos consideran verdad. Afortunadamente, para nosotros los druidas este conocimiento es verdadero y usted puede usarlo para el gran beneficio del mundo.

No se sabe cuándo apareció por primera vez el druidismo, pero se sabe que ha existido durante siglos. Aunque puede haber existido hace muchos, muchos milenios, se fecha la primera mención del druidismo en el segundo siglo a. C. (antes de Cristo). Esta es la primera mención, así que es seguro que existía al menos algún tiempo antes de esa fecha.

Los druidas eran respetados entonces. Lamentablemente, no son tan respetados ahora, pero eso se debe a las religiones que han surgido durante los últimos dos milenios, después de que el druidismo era prevalente. Las religiones chamánicas, paganas y profanas promueven una vida en armonía y con respeto por las otras religiones. Aunque las otras religiones suelen respetar a los demás como seres humanos, a menudo no tienen cabida para religiones diferentes de la suya.

Remontándose uno o dos milenios atrás, los druidas eran líderes en todos los sentidos de la palabra. No solo conectaban a la gente con el mundo de los espíritus y las deidades, sino que guiaban a la gente en nuestro plano terrenal. Eran los científicos y filósofos de su época y estaban conectados con el mundo espiritual. No tenían creencias basadas únicamente en la fe, sino en el conocimiento y la ciencia. Enseñaban a los demás, actuaban como jueces cuando alguien no podía llegar a un acuerdo e incluso entablaban negociaciones de paz cuando había una guerra. Era un ciclo completo. Los druidas eran personas respetadas y, por ello, eran capaces de negociar, enseñar y guiar; se ganaban ese respeto por ser los que más sabían, por tener sed de conocer el mundo y por participar en una búsqueda constante de significado y sabiduría.

Así que, cuando emprenda su viaje hacia el druidismo del cerco, puede empezar por superarse a sí mismo. Si quiere ser un druida, aspira a ser un maestro, un guía, un intermediario, necesita estar informado, ser hábil y encontrar la mejor versión de usted mismo. La mejor manera de proponerse ser un druida es a través de un camino de autosuperación. Pero volveremos a eso más adelante en este libro. ¡De vuelta al pasado!

El druidismo es una religión teísta, pero politeísta. La mayoría de los druidas creen en dioses y diosas múltiples, otro ejemplo de igualdad de género en el druidismo. Al mirar el druidismo, muchas personas comparan la naturaleza politeísta de este sistema de creencias con el de los dioses griegos y romanos. Hay ciertamente semejanzas en cuanto aparecen seres de otro mundo.

De vuelta a las túnicas... Ya mencionamos que las túnicas se usaban en las tardes frías de Gran Bretaña, y los druidas oficiales llevaban túnicas con colores que denotaban su rango o especialidad. Las túnicas doradas, como se puede adivinar, las llevaban quienes gozaban de mayor estima, los líderes sabios. Los sacerdotes llevaban túnicas blancas. También había túnicas para soldados, artistas, constructores, etc. Algunos medios de comunicación tienen razón sobre el uso de túnicas, pero no se llevaban para ocultar la identidad, sino para denotar el rango.

Hay una estructura de organización en el druidismo. El archidruida está a la cabeza, seguido por el sacerdote y otros druidas debajo de ellos. Como se ha dicho, llevar túnicas bajo la luna y el calendario lunar es ciertamente muy importante para los druidas. Al igual que en la mayoría de las religiones paganas, chamánicas, y profanas, las lunas llenas se celebran, al igual que otros días festivos que caen en los equinoccios o en tiempos de siembra de semillas y de cosecha.

## Los rituales, el culto y Stonehenge

Hace seis mil años empezaron a aparecer numerosas estructuras de piedra, como anillos y yacimientos de piedras erguidas. Los historiadores no pueden decir con seguridad si fueron construidos por druidas y utilizados como lugares de adoración, pero hay fuertes indicios de que el druidismo ha existido desde mucho tiempo antes de lo que se registra en la palabra escrita.

Además de ser una religión politeísta, el druidismo puede describirse como animismo. Los druidas se caracterizan por tener una conexión con la naturaleza y el mundo espiritual que se encuentra más allá. Están más interesados en una forma de vida holística para vivir en armonía con la naturaleza, algo difícil de lograr en nuestro mundo moderno. Esto significa observar e interactuar con la naturaleza. Observando lo que ocurre a su alrededor, a menudo puede ver lo que se avecina. Puede observar las condiciones meteorológicas, los ciclos de la vida o estar en la naturaleza para entrar mejor en contacto consigo mismo. Por supuesto, solo estamos tocando los aspectos de los druidas que tienen que ver con la naturaleza; más adelante en este libro, profundizaremos más sobre esto. En el mundo del druidismo también encontrará guías espirituales y animales que le pueden guiar y formar.

Los druidas siguen el calendario lunar de cerca, y el calendario solar también es importante. Puede ver esto en las estructuras de piedra construidas hace muchos siglos, incluyendo Stonehenge. Estos sitios eran lugares de poder y, en su mayor parte, las estructuras de piedra fueron construidas alineadas con el sol y la luna. Esto era importante para rendir culto a la naturaleza y proporcionaba un calendario o reloj para el año. Todavía se puede ir a muchos de estos yacimientos, círculos de piedra y otras estructuras en determinadas épocas del año, como el solsticio de verano, y ver cómo el amanecer o el atardecer se alinean con las piedras.

**Stonehenge**
*https://pixabay.com/es/photos/stonehenge-monumento-arquitectura-1590047/*

Los rituales y el culto pueden realizarse tanto en solitario como en grupo. En su forma más sencilla, un ritual druida puede ser tan fácil como dar un paseo por la naturaleza. Cuantas más personas participen, más estructurado será el ritual. La mayor parte de lo que significa ser un druida es alinearse con la naturaleza. Usted puede realizar rituales y adorar diariamente, pero hay algunas celebraciones más grandes y formales que se llevan a cabo alrededor de los solsticios y en otras épocas del año. A menudo se consume comida y bebida para honrar a los dioses y diosas.

Si se adentra en el mundo del druidismo, descubrirá que puede hacer cosas muy interesantes. El druidismo es a menudo retratado como una religión mística y espiritual, y esto es verdad. Con la práctica y una inclinación natural hacia el mundo espiritual, usted puede lanzar hechizos e incluso alejarse de su propio cuerpo. Los hechizos, los tránsitos al mundo espiritual y muchos otros rituales son usados para estar más cerca de la naturaleza y protegerla. Muchas personas usan sus poderes druidas para oponerse activamente a lo que está sucediendo actualmente en el mundo. Hace miles de años, usaron esos mismos poderes para mantener el equilibrio y la armonía en el mundo.

## Cristianismo y druidismo

El druidismo ha pasado por muchas etapas. En su momento, fue una religión politeísta predominante en gran parte de Europa, pero decayó bruscamente cuando el cristianismo inundó el continente. Podemos situar el druidismo en dos periodos de tiempo específicos, el precristianismo y el postcristianismo. Como no hay muchos escritos sobre el druidismo antes del cristianismo, es difícil saber si el druidismo de hoy es igual que hace miles de años o si la religión se ha reavivado y el druidismo moderno es una reinvención de las antiguas creencias.

Sabemos que muchas religiones teístas toman prestado de las religiones paganas y chamánicas (o al menos eso parece). Solo hay que echar un vistazo a las celebraciones que tienen lugar en varios credos para ver que caen en los solsticios o alrededor de ellos, en la época de siembra de los cultivos y en el tiempo de cosecha. Muchos dioses y diosas paganos han sido deformados o combinados para dar paso a los dioses de las religiones teístas que tenemos hoy. Las historias, mitologías y prácticas son muy similares. Así que se podría argumentar que el druidismo nunca desapareció o fue neutralizado, sino que siempre fue parte de la vida en forma de otras religiones.

También se sabe que mucha de la información conocida sobre el druidismo y otras religiones politeístas o animistas fue registrada por los cristianos, así que se deben tener en cuenta diversas fuentes en la investigación para descubrir la verdadera naturaleza del druidismo. Mucho de lo que se sabe sobre el druidismo está relegado hace milenios a la mitología, pero eso no significa que no se pueda investigar, aprender de ello y permitir forme parte de nuestro mundo moderno.

El druidismo moderno nació a mediados del siglo XX. Aunque el druidismo moderno gira en torno a los celtas, se pueden encontrar ejemplos en todo el mundo, lo que sugiere que el druidismo es un camino natural a seguir. Solo hay que mirar a los pueblos indígenas de Norteamérica o Australia para ver cómo escuchando a la tierra y a la naturaleza y siguiendo el calendario del sol y la luna se puede sostener un pueblo durante milenios. Solo cuando se introducen influencias y creencias externas, el modo de vida empieza a desmoronarse. Esto no es una sugerencia para volver a esa forma de vida; sería imposible, por mucho que lo intentáramos. Pero hay una buena razón para abogar por la práctica de estas antiguas creencias en nuestro mundo moderno. Aunque los druidas no son buscados para guiar y ayudar, pueden practicar sus creencias e influir en el mundo.

Antes de entrar en el druidismo del cerco, veamos los preceptos principales del druidismo y cómo empezar su propio camino.

## Los tres objetivos druidas

Empezar en un camino druida hoy en día es tan simple como declararse un druida. No necesita creer en un dios o múltiples dioses o diosas. Los druidas alrededor del mundo se describen como ateos, cristianos, budistas y de otras religiones. El factor común en todos los druidas es su creencia en la naturaleza y los tres objetivos comunes de todos los druidas.

### 1. Sabiduría

Ya se ha mencionado que los druidas antiguos eran admirados para su sabiduría y conocimiento. Aunque ahora no se admira a nadie específicamente por su sabiduría, esa sabiduría sí puede compartirse con quienes están alrededor. La sabiduría proviene del conocimiento y la experiencia. Ambas cosas se pueden controlar. El conocimiento está a nuestro alrededor. Puede apuntarse a un programa escolar, hacer cursos o simplemente leer más libros. Cuanto más busque el conocimiento, más sabiduría tendrá de forma natural. Por otro lado, también puede buscar experiencia. Acérquese a más gente, haga más cosas y pida ayuda cuando la necesite para a su vez ayudar a los demás. Cuanto más haga, más sabiduría alcanzará. Sabiduría también significa saber cuándo no ayudar a alguien o cuándo no tiene la capacidad para ayudar.

## 2. Creatividad

El druidismo se remonta a milenios, mucho antes de que la palabra escrita fuera utilizada para registrar todo. El druidismo se transmitió a través de la tradición oral y la narración de historias. No solo eso, sino que estaba presente en canciones, poemas, arte y mucho más. Ahora que todo está disponible en internet, no es necesario contar historias para transmitir el conocimiento del druidismo, pero la tradición oral sigue siendo importante para la conexión. Y esto no solo es aplicable a las personas, sino también a los animales y espíritus. Al utilizar el cuento, la canción, el arte y otras formas de creatividad, se comparte con otros, tanto seres mundanos como de otro mundo, y eso fomenta la comunidad.

## 3. Amor

No hace falta decir que el amor debería desempeñar un papel más importante en nuestro mundo. La comunidad y el amor se están perdiendo con la separación de las personas por el

distanciamiento y el cierre de los hogares. El amor es la comprensión y es importante cuando se promueve el druidismo. La meta del druidismo no es imponer la religión a otros o convertir a otros al druidismo, sino amar a la gente y al mundo. Mostrando amor, se atrae a la gente al druidismo, y quienes no quieren practicar el druidismo estarán más inclinados a practicar el modo de vida druida sin hacerse druidas. Afrontémoslo, promover el amor y amar a la gente y al planeta hace del mundo un lugar mejor.

# ¿Qué es el druidismo del cerco?

Finalmente, llegamos a este punto. Ha recibido su curso intensivo sobre el druidismo, así que entremos en lo que hace al druidismo del cerco diferente del druidismo y las razones por las que querría practicar el druidismo del cerco.

Hablemos sobre la comunidad, que es muy importante en el mundo moderno independientemente de la religión que se practique. Siempre debe esforzarse por estar rodeado de gente que le puede ayudar y a la que usted pueda influenciar, no de una manera manipuladora, para mejorar el mundo.

Pero, al centro de la cuestión, un druida del cerco es alguien que practica el druidismo en solitario.

Excepto por las reuniones y rituales más formales, toda la información anterior sobre el druidismo se aplica a un druida del cerco. Sin embargo, practicar en solitario no significa que no pueda asistir a reuniones más formales para experimentar.

Hay muchas razones para hacerse druida del cerco, algunas forzadas y otras elegidas. Una de las razones más comunes es que quizás viva en un área en la que no hay otros druidas. Podría no tener una comunidad de druidismo alrededor, lo que le obliga a practicar solo, que está totalmente bien. En este caso, puede practicar por su cuenta, si le gusta, o puede practicar en solitario hasta que se forme un grupo, o usted mismo puede formar un grupo.

También puede que le guste estar solo. Puede que no quiera practicar con otros y que prefiera utilizar el druidismo del cerco como un tiempo a solas en el que va a la naturaleza y está lejos del mundo y la gente por un tiempo. Puede que se sienta más cómodo siendo un druida solitario, lo cual es totalmente válido. De hecho, saber esto sobre usted mismo da lugar a un druidismo más poderoso. Si usted se une a una comunidad y no le gusta tener gente alrededor todo el tiempo, no podrá practicar verdaderamente el druidismo. Siendo un druida del cerco, usted puede influir mucho más en la mejoría del mundo porque sabe que cuando practique será su mejor versión.

Hay tiempos en los que el mundo cambia. Recientemente, en 2020, y remontándonos a principios del siglo XX, ha habido pandemias en todo el mundo, por ejemplo. Puede que no quiera estar cerca de otras personas por razones médicas o por razones personales. Cualquier razón que lo haga sentir más cómodo en su camino espiritual es una buena razón para convertirse en un druida del cerco.

Puede que no quiera enemistarse con la gente que lo rodea. Suponga que usted ha crecido en una familia muy religiosa que sigue siendo practicante. En ese caso, puede que no quiera enfadarles persiguiendo activamente su religión. Aunque esto no sugiere ocultar quién es, hay casos concretos en los que hacerlo es beneficioso. Si puede practicar su religión sin alienarse de su comunidad, será más feliz.

Aunque practique solo, eso no significa que no pueda tener una comunidad. Muy probablemente tiene una comunidad alrededor de usted, incluso si ellos no son druidas practicantes, y también puede tener una comunidad en línea. Aunque practique solo, puede intercambiar con otros druidas por correo electrónico o correo físico.

Para decirlo de forma simple, un druida del cerco es un druida que practica solo. Hay muchas razones para hacerlo y todas son igualmente válidas. Si usted es el mejor druida que usted puede, está siguiendo el camino correcto.

# Capítulo 2: El *awen* y la cosmología celta

¿Quiere convertirse en un druida del cerco y practicar el druidismo por su cuenta? Antes de que camine el sendero druídico, necesita tener la noción de los elementos del cosmos como un todo, para que pueda enraizarse mejor en ellos. Los dos mejores conceptos del druidismo para empezar son el *awen* y la cosmología celta.

## El *awen*

Muchas religiones hablan del espíritu. Los chinos tienen el *chi*, en la India los chakras y hay muchas otras religiones y culturas que tienen un tema central de la vida humana descrito de la misma manera.

En pocas palabras, el *awen* es la energía del universo. Como se mencionó brevemente en la introducción, en este capítulo se tratan dos conceptos. Aunque el *awen* es todo lo que hay a nuestro alrededor, considerémoslo como la energía de nuestro interior y a la cosmología celta como el mundo fuera del cuerpo. Aunque el *awen* existe a nuestro alrededor en el cosmos, nos afecta desde dentro.

Puede pensar en el *awen* como una energía omnipresente, pero que al mismo tiempo es un flujo. El *awen* fluye a través de nosotros y nosotros a través de él. Esto puede sonar misterioso e incomprensible, y no es nuestra intención confundir o complicar. El *awen* es algo grande y poderoso y, en muchos sentidos, no es necesario comprenderlo para utilizarlo. ¿Cómo se puede comprender un flujo de energía que se canaliza a través de nosotros para ayudarnos a realizar acciones sin poder medirlo o categorizarlo? No se puede. Pero se puede sentir y utilizar.

Utilizar el *awen* consiste en ser. Está vivo y el *awen* fluye a través de usted. A veces, ni siquiera se da cuenta. Puede que de repente se sienta inspirado para cantar o crear algo y tiene que agradecérselo al *awen*. Pero va mucho más allá de lo accidental. Puede meditar con el *awen*, ser consciente de él a lo largo del día y canalizarlo para inspirar la creatividad y la grandeza.

La atención plena es una gran manera de utilizar el *awen*. Aunque fluye a través de usted y le ayuda, si es consciente y delibera sobre lo que piensa y hace, puede usarlo con un propósito. Usando el *awen*, se hace uno con la naturaleza y con el mundo que lo rodea. Tenga en cuenta que, como todo en la vida, la práctica hace al maestro. No podrá aprovechar todo el poder del *awen* solo diciendo que es un druida. Primero tiene que seguir el estilo de vida druida y practicarlo. Cuanto más practique, más fluirá el *awen* a través de usted.

## ¿Cómo se define el *awen*?

El druidismo es sabiduría, creatividad y amor. Cuando se piensa en el *awen*, se puede definirlo a través de la creatividad. Por supuesto, también influye en los otros dos objetivos, pero es en nuestra creatividad donde realmente brilla. Muchas culturas presentan la figura de las musas, tanto en la mitología como en la actualidad. Una musa inspira la creatividad en una o en varias personas. Se puede definir el *awen* como una musa, pero no física. Como el *awen* también es un flujo, se puede decir que es la esencia de una musa fluyendo por el mundo (si eso tiene sentido). También se puede considerar como inspiración. Cuando llega la inspiración, es en realidad el *awen*. Todos estos conceptos están arraigados en el mundo que conocemos, por lo que resulta difícil definir exactamente qué es el *awen*, pero se puede comparar con conceptos que conocemos.

Se puede describir el *awen* como inspiración divina, como algo que está por encima de lo comprensible. Como no está conectado a una deidad específica, aunque también se puede experimentar por inspiración divina, está bien referirse a él simplemente como inspiración. Esta es una larga manera de describir la fuerza creativa que representa el *awen*.

Es seguro que el *awen* ha sido un elemento duradero en la religión druida durante mucho tiempo y no es una invención del druidismo moderno. Hay mención de ello en múltiples fuentes que datan de hace muchos siglos. El *awen* también se describe en textos antiguos como la fuerza vital creativa. Usted está vivo y el *awen* quiere trabajar a través de usted. El *awen* es esa fuerza creativa que pide ser liberada.

## ¿Cómo puede utilizar el *awen*?

Aunque el término bardo se refiere sobre todo a calabozos y dragones, era un término común en el druidismo antiguo. Como ya se ha dicho, el druidismo era una religión y una forma de vida que se transmitía de generación en generación a través de cuentos, canciones y poemas. Si alguna vez se ha sentado a ver una película horrible, ha escuchado una canción sosa o ha soportado una conferencia aburrida, sabe que la correlación entre el valor de entretenimiento de una obra y la cantidad de información que se retiene es muy reveladora. En la antigüedad, los bardos eran una parte muy importante de las tradiciones orales, ya que transmitían información de forma entretenida e informativa. Los bardos eran venerados en el antiguo druidismo y se les otorgaba el *awen*. Así es; el *awen* también puede ser otorgado por alguien o algo más, usualmente una poción o un hechizo.

Los bardos eran importantes en la antigüedad y, aunque hoy en día no se les llama por su nombre, siguen siendo importantes y usted podría aspirar a ser uno. Aunque no se necesitan bardos para transmitir el conocimiento druídico (aunque se puede hacer), sí son necesarios para mejorar el mundo. Se ha demostrado que, en todas las culturas, tanto nuevas como antiguas, el arte es importante para el avance de la sociedad.

Si se siente naturalmente inclinado hacia la vida bárdica, puede centrar su tiempo en el *awen*. Puede que ya tenga bastante *awen* dentro de forma natural, y además puede meditar con el *awen* para escribir mejores canciones, historias y mucho más. Cuando usa esta inspiración para crear obras de arte, hace del mundo un lugar mejor y, aunque no esté transmitiendo información sobre el druidismo, seguro que está transmitiendo algo importante.

# Encontrar el *awen* en la naturaleza

Siempre que se habla de druidismo, se habla de la naturaleza. La naturaleza es una parte importante e integral del druidismo y, si quiere buscar el *awen*, no hay mejor lugar que la naturaleza. ¿Alguna vez ha salido a pasear o ha estado en la naturaleza cuando le ha venido la inspiración? ¿Siempre tiene sus mejores ideas cuando camina entre los árboles?, ¿o escuchando el rumor de las olas en la orilla? Ese es el poder del *awen*.

El druidismo se puede usar para otorgar inspiración bárdica a alguien mediante hechizos o pociones, pero la forma más fácil y accesible de encontrar el *awen* es aventurarse en la naturaleza. Se necesita práctica para otorgar el *awen*, así que salga de casa y dé un paseo por la naturaleza. Vamos, ¡hágalo ahora! Mientras pasea, sea más consciente de lo que le rodea. Escuche, mire, saboree, toque y huela. Observe todo lo que le rodea, mirando a su alrededor y hacia arriba. Sienta el sol o la brisa en la cara. Escuche a los pájaros o a los saltamontes. Saboree una frambuesa silvestre. Toque la corteza de un árbol o la suave hierba. Permanezca en la naturaleza y espere a que le llegue la inspiración. Y no se preocupe si no lo hace; simplemente disfrute de ella y espere a que le llegue la inspiración la próxima vez.

Aventurarse en la naturaleza es imprescindible para encontrar el *awen*
https://unsplash.com/photos/78A265wPiO4

También puede llevarse sus obras creativas consigo. Sentarse junto a la ventana de su casa, en su escritorio, y componer un poema o hacer un boceto está bien, pero cuando saque su trabajo a la naturaleza, se beneficiará del *awen*. Monte un caballete y pinte lo que vea fuera, o llévese su diario y escriba libremente lo que se le ocurra sin pensar en ello.

El *awen* es impredecible y el flujo puede llegar como una corriente suave o como un río fuerte. Pero lo que debe tener en cuenta es que es un flujo. Fluye por donde quiere e intenta no bloquearse. Si un río se encuentra con un bloqueo, halla la manera de evitarlo. Por lo tanto, si bloquea el *awen*, encontrará la manera de fluir a su alrededor. Esto significa que a medida que el *awen* fluye hacia usted, también debe dejarlo salir. Cuando se sienta inspirado, haga algo con ello. Si tiene una gran idea para una historia, empiece a escribirla. Si tiene ganas de pintar, hágalo. Si quiere empezar a cantar, empiece a cantar. Cuanto más deje que el *awen* fluya desde usted, más lo encontrará. Para seguir con la metáfora del agua, tiene que dejar que fluya hacia donde quiera. Si se siente inspirado para cantar, quizás esté bien componer la letra de una canción en lugar de cantarla, pero no debería utilizar esa inspiración para pintar, por ejemplo. No bloquee el *awen* y deje que fluya hacia donde tiene que ir.

Cuanto más trabaje con el *awen*, más trabajará con usted. Por lo tanto, no solo debe dejar que fluya a través de usted, sino buscarlo activamente cuando lo necesite.

## El canto y el cultivo del *awen*

Puede encontrar el *awen* en la naturaleza, pero puede cantar la palabra para invocarlo cuando esté en la naturaleza o en cualquier otro lugar. Esta es una de las primeras cosas que aprenderá como druida; todo lo que necesita es la pronunciación correcta.

El druidismo tiene raíces profundas en las culturas galesas, irlandesas y celtas. La pronunciación de las palabras puede ser un poco diferente de cómo se escriben y este es un buen momento para aprender a pronunciar la palabra «*awen*».

*Awen* se divide en tres sílabas: «*ah*», «*oh*» y «*en*». Si junta las tres sílabas, tiene «*awen*». Cantar la palabra es un poco diferente a decirla. Respire hondo y pronuncie cada sílaba en voz alta, con seguridad y confianza. Debe cantarla tan a menudo como le resulte natural o tanto como necesite para sentirse conectado con el *awen*. No es necesario que lo cante, también puede recitarlo. Si lo canta, puede bailar mientras lo hace.

Cuando cante la palabra, sea consciente de lo que dice y de por qué lo dice. Debe centrarse en el *awen* y aceptarlo en su persona. Piense por qué necesita inspiración y qué le aportará esa inspiración. Salga a la naturaleza y cante con orgullo. Cuando sienta que el *awen* fluye a través de usted, asegúrese de hacer algo con él.

También puede invocar al *awen* utilizando el símbolo, que son tres rayos de luz que emanan hacia abajo y hacia fuera, afilados en la parte superior y ligeramente separados. Muchos druidas llevan collares, pulseras o cristales del *awen* consigo o en sus ventanas para que la luz del sol brille a través de ellos. Esto resulta especialmente potente si coloca un cristal en su espacio de trabajo para cultivar la creatividad.

Tenga en cuenta que no encontrará la inspiración si está distraído. Esto puede ocurrir de muchas formas, pero las distracciones más comunes son internas o externas. Si se dice constantemente que no es creativo, que no puede hacer algo, que su trabajo no es muy bueno, la inspiración no llegará. Esto es un proceso y necesita tiempo. No debe proponerse ser el mejor en algo, sino mejorar usted mismo, sin importar lo grande o pequeño que sea el progreso. Lo mismo ocurre con la gente de la que se rodea. Si lo menosprecian constantemente, el *awen* no fluirá. Cuando canalice el awen, limite las distracciones. La naturaleza es perfecta, ya que no hay muchos ruidos distractores y no hay una televisión encendida que atrape su mirada.

Intente canalizar el *awen* en todos los aspectos de su vida. No es necesario que canalice el *awen* y luego componga una obra maestra de la música o pinte la Mona Lisa. Si está jugando con sus hijos, utilice la inspiración en sus juegos. Si tiene que planear un viaje, sea creativo. Intente encontrar formas de canalizar el *awen* para que se abra más a usted.

## El cosmos celta

Puede que el *awen* esté en todas partes del universo, pero nos preocupa más cómo fluye a través de nosotros. Cuando miramos al *awen*, miramos dentro de nosotros mismos. Pero, ¿qué hay del panorama general? ¿Qué puede decir el universo conocido sobre nosotros mismos, y cómo puede usarlo cuando camina por el sendero del druidismo del cerco?

## La Rueda

Muchas culturas han adoptado la rueda o el círculo como uno de sus símbolos principales. Hay una razón obvia para ello. Cuando se piensa en un círculo, se piensa en una línea continua que gira y gira, una línea sin principio ni fin. Para la mayoría de las culturas, la idea de una vida sin fin es una idea a la que vale la pena aferrarse y que además ofrece muchos ejemplos cotidianos de ritmos circulares. Las estaciones siguen el mismo patrón, dan vueltas como una rueda. El día sigue a la noche y la noche al día. Las estrellas se mueven alrededor de nuestro planeta como en una rueda gigante.

**La rueda del año**
*Midnightblueowl, CC BY-SA 3.0 <https://creativecommons.org/licenses/by-sa/3.0>, vía Wikimedia Commons https://commons.wikimedia.org/wiki/File:Wheel_of_the_Year.JPG*

La rueda es un símbolo importante en el druidismo. Puede significar muchas cosas; como se mencionó, representa al día y la noche, las estrellas y las estaciones. Como druida, usted también sabrá que simboliza la vida y la muerte. Se creía que después de la muerte, se pasaba a residir entre las estrellas, que son la gran rueda que gira a nuestro alrededor.

El número tres se considera un número mágico y se puede encontrar alrededor, no solo en las grandes religiones. Existe la vida, la muerte y lo intermedio. Hacen falta dos adultos para que un niño complete tres personas. Por eso, a menudo se encuentran círculos o ruedas en grupos de tres. Las espirales son la expansión natural del círculo, un círculo que se agranda hacia fuera sin fin.

Las cuatro estaciones dividen la rueda que representaba el año, girando constantemente a nuestro alrededor. El sol y la luna eran importantes para los celtas, que basaban su calendario en la luna. En lugar de los doce meses de un año civil, tenían trece, el número de lunas llenas anuales. Las estaciones eran las mismas y había festivales asociados con el comienzo de cada una, especialmente el verano y el invierno, donde la rueda giraba hacia su lado opuesto.

El druidismo antiguo estaba ligado a la naturaleza y como una parte fundamental de la vida era el cultivo de los alimentos, gran parte de la atención sobre la naturaleza recaía en la siembra y la cosecha. Esto se vive en la actualidad en algunos de los festivales y fiestas.

Podemos abrirnos al cosmos para celebrar mejor el mundo que nos rodea y la naturaleza. Cuando observamos las estrellas y las estaciones, sabemos cómo reacciona la naturaleza y eso nos ayuda a planificar mejor nuestros paseos en búsqueda del *awen*.

## Los tres reinos: Mar, tierra y cielo

Los antiguos druidas creían que tres reinos separados existían juntos y vivían en armonía. También representaban los tres elementos del mundo y se creía que todo estaba compuesto de estos tres elementos. Todo, las tierras del cosmos (y los seres que hay en ellas) pueden explicarse como una combinación de mar, tierra y cielo. Es útil pensar en los tres reinos como algo más de lo que podemos ver. El mar está debajo de nuestro mundo, la tierra es el suelo en el que vivimos y el cielo está por encima de nosotros, en parte a la vista y en parte invisible.

## 1. El mar

Podemos ver algunos de los reinos del mar y, si se trata de explicar el mundo, el mar puede asociarse con el elemento agua. Pero el reino marino no se limita a lo que vemos delante de nosotros. Los mares y océanos configuran el reino marino que reside en las profundidades de la tierra. Se puede pensar en el reino marino como una especie de inframundo, pero no en el sentido típico de cielo e infierno. Los muertos van allí, así que nuestros ancestros están allí y tiene sentido que no todos vayan al infierno. No hay distinción en el lugar al que van, no es un lugar bueno o malo, solo un lugar donde residen quienes han fallecido.

Las hadas también viven en este mundo. Si quiere hacer ofrendas a las hadas o a sus ancestros, puede hacerlo a través del agua. Puede usar cualquier masa de agua, no tiene por qué limitarse al mar y al océano. La comida, la bebida y las flores son ofrendas habituales para las hadas y los ancestros. Para dar la ofrenda, simplemente déjela caer en el agua siendo consciente del ecosistema que está perturbando.

## 2. La tierra

La tierra es nuestro mundo, pero es más que eso. Es todo lo que contiene, todo lo que la madre naturaleza nos ha dado. Esto nos incluye a nosotros, las plantas y las flores, los árboles, las rocas, las montañas, los arroyos, los ríos y todo lo demás. Si está buscando un lugar de poder en el que el *awen* sea más abundante, busque elementos del reino de la tierra que toquen otro reino. Por ejemplo, las montañas están enterradas en lo más profundo de la tierra, pero se elevan y tocan el cielo. Algunas plantas viven tanto en la tierra como en el agua y la tierra es comparable a los elementos de la tierra.

Usted puede usar vino, tabaco, miel y otros alimentos como ofrendas para artefactos liminales poderosos del reino de la tierra. Como el árbol de roble es un símbolo poderoso dentro del druidismo, usted puede dar ofrendas a árboles de roble. Sin embargo, cualquier cosa que viva entre dos mundos puede ser objeto de sus ofrendas. Se cree que dar ofrendas de esta manera ayuda a viajar entre mundos.

## 3. El cielo

El reino del cielo es lo que se ve arriba, pero también es el reino de los dioses y diosas, como el dios del trueno o la diosa de la batalla. También hay deidades solares y lunares. El cielo se asocia con el elemento aire, pero el sol también está en el cielo, por lo que se puede equiparar también con el elemento fuego.

Muchas deidades son honradas con el fuego. La gran bola de fuego, el sol, arde en el cielo, dando vida, y el humo del fuego también viaja hacia el cielo, donde residen los dioses.

## Los árboles y los tres reinos

Como ya se ha dicho, algunas cosas de nuestro mundo tocan los tres reinos al mismo tiempo. Los árboles son un buen ejemplo. Se extienden hacia abajo y tocan el reino del mar, están en el reino de la tierra y sus ramas y hojas se extienden hacia arriba para tocar el reino del cielo. En la antigüedad, los druidas veneraban a los árboles. Alrededor de ellos celebraban rituales y hacían juramentos, y cada tribu tenía un árbol sagrado.

Como druida del cerco, también puede tener un árbol sagrado. No es necesario que sea un árbol específico, aunque se prefieren el roble, el fresno y el olmo. Puede sentirse atraído por un árbol concreto o por varios. Pase tiempo bajo el árbol o los árboles, realice ceremonias y rituales o simplemente medite bajo sus ramas.

# Capítulo 3: Abrir la mente a la naturaleza

Como ya se habrá dado cuenta, la naturaleza juega un papel muy importante en el druidismo del cerco. Puede encontrar el *awen* visitando la naturaleza, pero ser un druida es mucho más que eso. Ser un druida es conectar con la naturaleza, protegerla y usarla para explorarse mejor a usted mismo y al mundo, mejorando mientras lo hace. Cuando usted comienza a explorar la naturaleza, sus poderes de druida comenzarán a expandirse. Pero, antes de hablar de algunas de las cosas poderosas que la naturaleza puede traerle, volvamos a una de las tres metas principales del druidismo: la sabiduría.

Su camino como druida debe enfocarse en adquirir sabiduría en todas las áreas, pero es especialmente importante hacerlo en relación con la naturaleza. Cuanto más sepa sobre la naturaleza, más sabiduría tendrá y más podrá ayudar al mundo y a los demás. Al comenzar el camino de druida, se recomienda que se concentre en la naturaleza para prepararse mejor y llegar a ser un verdadero druida.

## La sabiduría que se encuentra en la naturaleza

Usted quiere saber tanto como sea posible sobre el mundo natural alrededor de usted, y eso significa saber lo que es la naturaleza, cómo reacciona y lo que hace. Aunque se puede aprender mucho de los libros y otros medios de comunicación, no hay mejor forma de conocer la naturaleza que estando en ella. Y la ventaja añadida es que puede conectarse con el *awen* mientras está en la naturaleza.

Puede seguir leyendo sobre la naturaleza y explorar ese mundo. Después de todo, algunas cosas no se transmiten por tradición oral y podría hacerse daño si sale a la naturaleza y come setas venenosas o prueba la baya equivocada. Así que, a menos que tenga un bardo druida con usted, investigue antes de meterse de lleno.

Sin embargo, algunas cosas no se encuentran en los libros y usted va a aprender sobre ellas estando en la naturaleza. Por ejemplo, un sendero que corre por el bosque cercano a su casa podría haber sido hecho por ciervos. Podría darse cuenta de que la corteza de un árbol de un lugar determinado se come. Puede que vea cómo afecta un río al paisaje que lo rodea cuando se desborda. Observando la naturaleza y estudiándola, puede entender cómo funciona el ecosistema que le rodea. Además, cuando conoce la naturaleza, sabe cómo ayudarla.

Cuando haya estudiado la naturaleza durante un tiempo y haya leído sobre los conceptos de los que no esté seguro, debe intentar comprenderla. Hay una gran diferencia entre tener conocimientos y entenderlos; los conocimientos se pueden comparar con la sabiduría. Si los ciervos se abren paso por una zona determinada, ¿por qué lo hacen? Y si el río crece y se adapta al paisaje, ¿qué provoca eso en el ecosistema en general? Al buscar la comprensión, también encontrará los caminos de la energía que recorren la naturaleza, lo que le permitirá encontrar el *awen* de forma más efectiva.

Anotar sus descubrimientos y pensamientos es un buen hábito. Cuando llegue a casa, es posible que haya olvidado algo y, con el tiempo, ese «algo» podría convertirse en algo importante. Si encuentra un árbol especialmente inspirador, puede añadirlo a su libro e incluso dibujarlo si le llega la inspiración. Puede escribir advertencias para no cometer los mismos errores una y otra vez. Tal vez esté creciendo parte de la hierba y quiera asegurarse de no pisarla. O puede dibujar algunas flores que le parezcan comestibles para comprobarlo cuando llegue a casa. Sea curioso. Haga siempre preguntas y vea si puede descubrir la respuesta observando. Por supuesto, con la sabiduría sabrá dónde buscar la respuesta cuando no la tiene.

Como druida del cerco, estará constantemente interactuando con la naturaleza. Esto significa construir sobre su conocimiento y sabiduría antes y después de estar en la naturaleza. También significa utilizar la naturaleza para vivir su vida. Puede encontrar una gran sabiduría interactuando directamente con la naturaleza.

Los druidas solían vivir en la naturaleza y tomar de ella lo que necesitaban para vivir. Hemos perdido estas viejas costumbres, aunque están volviendo a través del druidismo y la necesidad de una vida más simple que no dañe el medio ambiente. Al interactuar con la naturaleza, es sabio aprender las habilidades necesarias para hacerlo apropiadamente.

Usted quiere ayudar a la naturaleza, pero eso no significa que no pueda tomar nada de ella. Significa que no debe tomar más de lo que necesita y que debe asegurarse de no dañar el ecosistema cuando lo hace. Esto implica conocer el ciclo vital de plantas y animales, saber qué plantas y animales utiliza y limitar sus residuos. Debe buscar intercambios beneficiosos. Por ejemplo, supongamos que hay abundancia de frambuesas. En ese caso, puede hacer un favor a otras plantas y animales recogiendo algunos frutos y cortando los tallos para cubrir el suelo del sol inclemente (y retener la humedad).

También debería relacionarse con la naturaleza de distintas formas para descubrir cosas que normalmente no vería. Por tanto, salga a escalar una roca, descienda por un río o un lago en kayak o canoa y practique actividades al aire libre durante todo el año, como el esquí.

Descubrirá que estando en la naturaleza está más en sintonía con ella, lo que es importante para las siguientes partes de su viaje como druida del cerco, rituales y altares.

## Rituales y altares para la naturaleza

Una de las primeras cosas que hará físicamente como druida es construir un altar. Cuando comienza, tiene dos opciones: construir un altar en su casa o construir uno al aire libre. (Es una buena idea hacer ambos). Puede construir un altar en su casa, pero como trata de conversar con la naturaleza tanto como sea posible, también debe salir y construir un altar en un lugar de la naturaleza que tenga significado para usted o con el cual sienta alguna conexión.

Como con cualquier tiempo que pase en la naturaleza, asegúrese de interactuar con ella de forma que no dañe el delicado ecosistema.

Crear un altar es una oportunidad para hacer ofrendas a sus ancestros y espíritus aliados; en el próximo capítulo se habla sobre cómo contactar con ellos. Si está creando un altar en el interior, lo más probable es que permanezca quieto, pero a la hora de construir un altar al aire libre, puede hacerlo donde crea que es necesario. No tiene por qué ser permanente y puede trasladarlo de un lugar a otro según le convenga. El cambio juega un papel grande en la vida de un druida, ya que seguimos los cambios a través del año con diferentes festivales y rituales. Su altar también cambiará. A medida que evolucione, los espíritus y ancestros a los que rinde culto también cambiarán, así que no tenga miedo de cambiar su altar cuando sea necesario.

Cuando salga a la naturaleza para construir su altar, lo primero que debe hacer es utilizar sus sentidos y explorar con atención plena. El lugar para su altar está ahí fuera; todo lo que tiene que hacer es encontrarlo. Una nota rápida sobre la construcción de altares en la naturaleza: si usted es nuevo en el druidismo, pase mucho tiempo en la naturaleza antes de pensar en construir un altar; tómese el tiempo para aprender y observar antes de aventurarse a encontrar el lugar perfecto.

No hay manera de decirle dónde está el lugar perfecto para su altar. Conecte con el *awen* y sabrá cuándo ha encontrado el lugar perfecto. Los ancestros o espíritus guía a los que honre desempeñan un papel importante en la ubicación, por lo que un altar en la naturaleza es importante.

Si sigue la sugerencia de pasar tiempo en la naturaleza antes de construir un altar, lo más probable es que los lugares donde podría construirlo se le muestren primero. Pero tenga en cuenta las estaciones a la hora de planificar su altar. Su altar puede estar en un lugar distinto en verano y en invierno y los objetos que coloque en él pueden variar según la estación.

Cuando encuentre su lugar, puede ponerse manos a la obra con la creación de su altar. No tiene por qué ser grande, puede hacerlo tan sencillo o complicado como quiera. Piense en lo que quiere transmitir y a quién o qué quiere honrar. Las estaciones le ayudarán a decidir qué poner, como bayas frescas en verano, nidos de pájaros caídos en invierno, hojas caídas o frutos caídos de forma natural de un árbol en otoño.

Cuando tome de la naturaleza un objeto para su altar, debe tener en cuenta si su presencia es bienvenida y si los espíritus le permiten llevarse los objetos. Siéntese con el objeto, agradezca el regalo a los espíritus que lo rodean y escuche cualquier respuesta. Puede ser difícil al principio, pero con el tiempo, será capaz de escuchar o sentir las respuestas.

Cuando crea un altar en el interior, tendrá objetos de la naturaleza, pero también incluirá objetos personales, especialmente para un altar de ancestros. Por ejemplo, si está honrando a un ancestro, puede usar una foto para colocarla en su altar. También puede llevar objetos que pertenezcan a la persona, dibujos, ofrendas de comida y otros objetos significativos.

Cuando monte el altar, escuche la voz de su interior. Está honrando a su ancestro o espíritu, no invocándolo. No es necesario que tenga objetos que los traigan, siempre y cuando los honre bien. Por ejemplo, añadir belleza a su altar es muestra de esa honra, así que artículos como pétalos, frutas de colores y hojas únicas muestran que está intentando montar un altar con buen aspecto para honrar a la persona o entidad. Lo que cuenta es la intención y si la pone en su altar, funcionará.

Cuando haya construido su altar, siéntese frente a él y piense en la persona o espíritu al que está honrando. Esta es una gran manera de conectarse con la naturaleza y con una persona o ser específico. Cuando practica el druidismo, puede sentir una presencia cuando tiene un altar construido.

Cuando termine, no se olvide de limpiar todo antes de irse.

## Un ritual druida básico

Los diferentes rituales se exploran en un capítulo posterior, pero una buena forma de comenzar para un druida principiante es realizar un ritual de gratitud para la naturaleza. Este es un ritual sencillo para empezar, ya que no requiere muchos componentes. Los materiales son fáciles de adquirir, si es que no los tiene ya. Este es un ritual que puede realizar una y otra vez para honrar a la naturaleza y puede adaptar las palabras que utiliza para que se ajusten mejor a quién es y cómo quiere honrar a la naturaleza. Las palabras incluidas son una guía y no una obligación.

1. Encuentre un lugar en la naturaleza donde pueda realizar el ritual. Puede ser un lugar que haya visitado muchas veces o uno que lo atraiga. Tal vez un lugar de poder o uno donde el *awen* fluye libremente. Como debe hacer en la mayoría de las prácticas druidas, escuche a su intuición. Si descubre que conoce el lugar para celebrar el ritual, es el lugar adecuado para usted.
2. Toque una campana o aplauda. Esto no solo le ayuda a concentrarse en el comienzo del ritual, sino que invita a los

espíritus.

3. Pronuncie unas palabras para anunciar el inicio del ritual: «*Espíritus que me rodean, dioses y diosas que velan por mí, madre naturaleza que me da lo que necesito para vivir, enciendo esta vela en su honor*».
4. Encienda una vela.
5. Respire profundamente diez veces para despejar la mente y purificar el cuerpo.
6. Honre a la madre tierra: «*Madre tierra, tú das todo lo que veo a mi alrededor y te estoy agradecido por ello. Sin ti, no habría vida. Volveré a ti cuando mi vida llegue a su fin y me transformaré de nuevo*».
7. Comparta la bendición: «*Invito a mis ancestros a estar aquí conmigo porque ellos también han disfrutado de la naturaleza y ahora forman parte del gran ciclo de la vida*». Puede invitar a cualquiera de los dioses, diosas o espíritus a compartir el ritual con usted.
8. Haga una ofrenda. De la forma más sencilla, puede llevar algo de comida y bebida. Intente que su ofrenda coincida con lo que los antiguos druidas podrían haber ofrendado, así que, en lugar de traer caramelos y refrescos, podría traer un pequeño vaso de vino y un poco de pan.
9. Agradezca a quien haya invitado al ritual, en este caso, a sus ancestros.
10. Dé las gracias a la madre tierra.
11. Termine el ritual: «*Termino este ritual*».

Pueden parecer muchos pasos, pero verá que son bastante sencillos y rápidos de realizar. Puede usar este ritual para honrar a los dioses y diosas, aliados espirituales, poderes elementales y casi cualquier otro elemento o entidad.

## Paseos de meditación druida y atención plena

La meditación es una gran manera de escapar temporalmente del mundo y los paseos por ella deben ser practicados por todos, no solo por los druidas. La meditación mientras se camina permite entrar en la naturaleza y estar atentos, y ni siquiera se necesita separar un tiempo específicamente para este ritual. Usted va a estar en la naturaleza regularmente, así que medite mientras está allí.

Antes de hablar de cómo meditar en la naturaleza, conviene saber por qué se medita. El objetivo más común para meditar es despejar la mente. Puede hacerlo para desahogarse de cualquier estrés, tensión o problema que lleve encima. La meditación también ayuda a gestionar mejor los problemas y, a veces, a encontrar las respuestas necesarias. También puede meditar para ser más consciente. Si le cuesta conectar con la naturaleza, puede practicar la meditación para potenciar su conexión. Cuando la gente habla de atención plena en la naturaleza, también está hablando de otra forma de ver la meditación. La tercera razón es conseguir una mayor concentración. Supongamos que tiene problemas para concentrarse en la naturaleza o en casa. En ese caso, meditar puede ayudarle a enfocar la mente para que pueda prestar atención a la tarea que tiene entre manos.

**Entonces, ¿cómo meditar y caminar al mismo tiempo?**

Cuando la gente piensa en meditación, piensa en sentarse con las piernas cruzadas, los ojos cerrados y cantar. Aunque esta es una forma válida de meditar, no es la meditación druida que hará mientras camina por la naturaleza (aunque también puede encontrar un lugar cómodo y meditar así).

Como en toda meditación, su postura es importante. Puede que no se dé cuenta de su postura mientras camina, pero debe concentrarse en su cuerpo y asegurarse de que camina a un ritmo cómodo y que su espalda y hombros están rectos. No fuerce la postura al caminar; debe sentirse cómodo mientras lo hace, lo que favorecerá su respiración.

La última parte del rompecabezas es caminar por la naturaleza y conectar con ella. Use su intuición para elegir el mejor camino e intente encontrar un lugar donde no lo molesten. Puede recurrir al *awen* para obtener más inspiración mientras pasea por la naturaleza.

Todo lo que tiene que hacer en este paseo es experimentar todo lo que le rodea, cosa que es más fácil decir qué hacer. Cuando oiga algo, concéntrese en ello y búsquelo. ¿Oye piar a un pájaro? Deténgase y escúchelo. Mueva los ojos y la cabeza lentamente e intente encontrarlo. ¿Oye un arroyo? Sígalo, moje su mano en él y lávese la cara. Agáchese y huela las flores por las que suele pasar. Pase la mano por los distintos tipos de corteza que encuentre y fíjese en su textura. Interactúe con el mundo natural que lo rodea y sienta la diferencia de cuando camina por él sin darse cuenta y sin observar.

## Dos meditaciones adicionales

No siempre tiene que caminar por la naturaleza mientras medita. Una buena meditación para despejar la mente se realiza utilizando un ruido de distracción. Puede ser el correr de un río, el viento entre las hojas, el piar de un pájaro o cualquier sonido agradable de la naturaleza en el que pueda concentrarse durante un tiempo. Póngase de pie, siéntese o acuéstese cerca del sonido y escúchelo mientras inhala y exhala. Si su mente se distrae, vuelva a concentrarse en el sonido. Puede tomarse todo el tiempo que quiera en esta meditación.

También puede meditar para encontrar inspiración con el *awen*. Utilice su intuición una vez más para encontrar un lugar perfecto que lo inspire. Cuando salga a hacer esta meditación, lleve consigo aquello en lo que quiera inspirarse. Por ejemplo, si quiere escribir un poema, lleve consigo papel y bolígrafo. Sitúese en el lugar elegido y mire a su alrededor mientras respira profundamente. Inicie el canto de *awen* que aprendió en el capítulo anterior, abra su mente y sea receptivo a recibir su inspiración. Mire a su alrededor, observe lo que le rodea y utilice la atención plena para estar en la naturaleza. Mantenga en su mente la inspiración que busca y medite durante el tiempo que necesite.

## Los árboles y la meditación

La palabra druida es, sin duda, sinónimo de sabiduría, y algunos estudiosos sugieren que una traducción de la palabra podría ser «sabiduría del roble» o «conocimiento del roble». Los árboles son importantes en el mundo druida y encontrará a menudo el símbolo del árbol alrededor de los druidas y el druidismo. El símbolo del árbol también se encuentra en muchas otras religiones; el árbol de la vida es un buen ejemplo. Los árboles tienen que ver con el crecimiento y la ramificación, una metáfora adecuada para la vida, tanto para la vida individual como para la de una familia. Así que, cuando medite, puede incorporar árboles para potenciar la práctica.

Los árboles ayudan a centrar la meditación
https://unsplash.com/photos/Hzbq4de24kQ

Si está en la naturaleza, lo más probable es que esté rodeado de árboles, pero también puede buscar árboles específicos (los robles grandes son los mejores) y sentarse junto a ellos para meditar o construir su altar en la base. Siempre que tenga cuidado, puede convertirse en un druida más despreocupado y divertido subiéndose a un árbol para observar la naturaleza desde otro ángulo.

# Capítulo 4: Conozca a sus aliados espirituales

En este capítulo se habla de dos tipos de aliados espirituales que se dividen de la siguiente manera: los espíritus que pasaron de este mundo al siguiente, sus ancestros; y los otros espíritus que pertenecen a muchos mundos, las hadas, los espíritus de la naturaleza, los animales, etc.

Todos son poderosos a su manera, y verá cómo aprovechar el poder de cada tipo, cómo meditar sobre ellos y algunos viajes astrales.

## Conectarse con sus aliados ancestrales

En el mundo del druidismo, sus ancestros son definidos de forma un poco diferente: se pueden dividir en tres categorías. Por un lado, están los ancestros en el sentido típico de la palabra, es decir, quienes estaban relacionados con nosotros por sangre. Puede tratarse de un bisabuelo o una tía abuela. Si es descendiente directo de otra persona, esa persona es su ancestro.

También puede recurrir a otros dos tipos de ancestros: los ancestros de lugar y los ancestros de tradición. Sus ancestros de lugar son personas que vivieron en el mismo lugar que usted. Por ejemplo, usted puede ser escocés o, más concretamente, de las tierras altas de Escocia. Sus ancestros de lugar pueden ser los otros habitantes de las tierras altas de Escocia. Son las personas con las que se siente unido a través del lugar en el que vive. Sus ancestros de la tradición son las personas que comparten valores y tradiciones similares a los suyos. Los ancestros de tradición más obvios son otros druidas. Dado que usted ha vivido su vida de la misma manera, podría sentir una conexión profunda con ellos. Al mirar hacia los ancestros de la tradición, podría mirar a una persona que inspiró directamente su vida. Muchos nos han inspirado a lo largo de la vida, se puede tomar como ejemplo a Martin Luther King Jr. Si él lo inspira y comparte valores similares, podría llamarlo ancestro de tradición.

Hay muchas razones para honrar a sus ancestros y conectar con ellos. La más común es darles las gracias por estar aquí. Si lo piensa bien, puede agradecer a los tres tipos de ancestros por estar aquí. Si no fuera por sus ancestros de sangre, si se rompiera un eslabón de la cadena, no estaría físicamente presente en este mundo. Si no fuera por sus ancestros de lugar, tampoco estaría aquí. Muchos ancestros de lugar lucharon en guerras para mantener su patria y usted podría no tener un lugar donde vivir si no fuera por ellos. Lo mismo ocurre con los ancestros de la tradición. Podría estar aquí físicamente sin ellos, pero no de la misma manera. Sin ellos, luchando por sus creencias y manteniendo las tradiciones, sería una persona diferente y recorrería un camino distinto. Debe honrar a los tres tipos de ancestros.

Pero eso no significa que deba honrar a todos los que vinieron antes que usted. Cuando honre a sus ancestros, es importante que se enfoque. La forma más habitual de honrar a los ancestros y conectar con ellos es a través de un santuario. Si creara un santuario para todos sus ancestros al mismo tiempo, estaría sobrecargado y el honor se diluiría. Así que, cuando llegue el momento de venerar a sus ancestros, piense en los que son más importantes para usted, los que quiere que le acompañen en su camino y con los que se sienta más unido.

## Crear un altar o santuario de los ancestros

Antes se habló de crear un altar en la naturaleza para honrar a los ancestros o espíritus, pero este santuario va a ser un elemento permanente en su casa y un altar al que podrá acudir siempre que quiera. La clave aquí es adaptarse. Una vez que tenga su altar o santuario, no tenga miedo de cambiarlo. Si ve que un objeto no funciona en el altar, puede cambiarlo. O, si quiere eliminar un ancestro de su altar, hágalo.

Cuando haya creado su altar, puede que descubra que algunos objetos funcionan para algunos ancestros y no para otros. No pasa nada si hace cambios. También es posible que descubra información sobre algunos ancestros que cambie su percepción sobre ellos, así que puede eliminarlos de su altar y añadir otros. Recuerde, el ancestro que le guiará casi nunca será malévolo y no le dará detalles de su vida. Lo que puede utilizar es lo que sabe de él a partir de los registros.

Puede crear un santuario o un altar; ambos son similares en su fabricación. Un santuario es un lugar donde se honra y recuerda a los ancestros, mientras que un altar es un lugar donde se pueden realizar rituales, como la meditación de los ancestros. Téngalo en cuenta a la hora de montar su altar o santuario. Un santuario no necesita mucho espacio, mientras que un altar necesita espacio para sentarse en frente y meditar. Busque un lugar en su casa donde pueda honrar a sus ancestros, intente elegir un sitio que no esté apartado. Si va a honrar a sus ancestros, no le conviene colocar un altar en un armario. Es mucho mejor tener su altar en un lugar que visite regularmente a lo largo del día.

Una vez que tenga el lugar, puede empezar a colocar los objetos. El altar puede ser una mesa, pero también algo tan sencillo como una estantería. Cualquier superficie plana sirve, pero recuerde que está creando un lugar para honrar y adorar, así que no use el suelo como altar. Dicho esto, si tiene un lugar agradable en su casa donde pueda colocar objetos y sentarse a meditar, hágalo. La clave es pensar en lo que es adecuado para su altar y usar su intuición.

Cuando haya elegido el lugar, puede utilizar algunos de los siguientes elementos para crear su altar o santuario:

- Un cráneo o huesos para representar a todos sus ancestros muertos.
- Fotografías o imágenes de sus ancestros. Es importante que nunca ponga fotos o imágenes de quienes aún están vivos en su altar o santuario.
- **Objetos personales:** Esto responde al criterio de cada persona y los objetos varían de un altar a otro. Piense en lo que más le une con un ancestro. Algunos ejemplos son relojes, una pipa, ropa, joyas, monedas y otros objetos personales.
- **Piedras poderosas:** La piedra lunar, el cuarzo y la esmeralda son especialmente potentes para potenciar su energía psíquica cuando se comunica con los muertos. Con el tiempo, puede

que descubra que funciona mejor con piedras diferentes, así que esté siempre preparado para adaptarse a lo que mejor funcione.

- **Ofrendas:** Puede dar ofrendas cuando medite o contacte con sus ancestros, así que debe tener un plato y una copa en el altar o santuario listos para ser llenados.
- **Tierra:** Puede colocar tierra en un recipiente de su elección, pero asegúrese de que encaja con su altar. Un jarro Mason será más bonito que un recipiente de plástico. La tierra nos recuerda de dónde venimos y adónde volveremos.
- **Agua:** Dependiendo de la ubicación de su altar, puede guardar el agua en un recipiente sellado o sin sellar. Un tarro sirve para cerrarla, y puede usar un vaso de cristal o metal si quiere dejarla destapada. El agua ayuda a concentrar la energía psíquica.
- **Una vela:** Encenderá la vela cuando esté adorando o comunicándose; esto no solo ilumina el altar o santuario, sino que ayuda a concentrarse cuando lo visita.
- **Varita/Daga:** Puede usar este objeto para dirigir su energía cuando esté en su altar. Lo usará más en un altar que en un santuario.
- **Estatua de deidad:** La estatua de una deidad de los muertos o del más allá ayuda a guiar a los espíritus. No es necesario que sea una estatua; puede ser una representación de esa deidad o un objeto asociado a ella.

## Meditación de los ancestros

Una vez que tiene su altar, es el momento de meditar con sus ancestros. No se preocupe si no tiene espacio para un altar y solo tiene un santuario, de todas formas, cosechará los beneficios. Como todo en la vida, se trata de pensamiento e intención. Si solo tiene espacio para un santuario y lo ha hecho lo mejor que ha podido, sus ancestros caminarán con usted por la vida.

Aquí tiene una guía paso a paso de la meditación de los ancestros:

1. Empiece siempre cada meditación poniéndose cómodo. Puede sentarse o acostarse junto a su altar, siempre que esté en una posición que permita a su mente concentrarse. También debe

estar en un lugar libre de distracciones.

2. Respire profundamente para relajarse aún más. Inhale y exhale tres veces concentrándose en su respiración.
3. Cierre los ojos y exprese su intención: «Quiero conocer a mi abuelo». La declaración de intenciones puede ser cualquier cosa que desee y redactarse de la forma que quiera. Puede querer consejo, ayuda, sabiduría, comunidad, etc.
4. Visualice un viaje hacia el interior de la tierra. Como se dijo en un capítulo anterior, sus ancestros están en el reino del mar, bajo la tierra. Piense en usted mismo bajando a la tierra, ya sea por una cueva o túnel o cualquier otra cosa que le ayude a llegar hasta su ancestro.
5. Continúe respirando con un ritmo constante.
6. Finalmente, llegará a una cueva o a un túnel subterráneo. Todavía hay vida aquí abajo, una vida que el sol no puede tocar. Tiene una vela en la mano que le ilumina el camino y lo hace sentir seguro. Aquí abajo no hay peligro. Camine por el sendero y siga concentrado en su respiración.
7. Al final del túnel, encontrará una puerta. Al abrirla, estará en un lugar elegido por su ancestro, un lugar que tiene sentido para él. Puede que vea allí a sus ancestros o alguna forma de representación de ellos. Podría ser simplemente la sensación de que están allí con usted.
8. Vuelva a exponer su intención. Anuncie por qué está allí y pida a los espíritus que le ayuden. Pida a los espíritus negativos que pasen de largo. Observe el entorno y busque a su ancestro. Puede que su aspecto sea distinto de como lo recuerda o se lo imagina. Es probable que haya realizado un viaje al más allá y haya adquirido más sabiduría.
9. Acompáñelo. Cumpla el motivo de su visita, sea cual sea.
10. Cuando haya terminado, regrese por el mismo camino, tomándose su tiempo y concentrándose en su respiración.
11. Cuando haya terminado, vuelva a abrir los ojos.

Esta es una meditación más compleja que la que hizo mientras paseaba por la naturaleza y puede que la primera vez no consiga nada. Puede que ni siquiera logre nada en la primera media docena de veces. No se preocupe. Con la práctica, la meditación vendrá a usted y estará fortaleciendo sus habilidades psíquicas cada vez que practique. No fue capaz de montar en bicicleta o dominar cualquier otra actividad al primer intento, pero llegó con el tiempo.

Esta es su primera inmersión en el plano astral. Cuando visita a sus ancestros, está pasando de este mundo al siguiente. El primer paso es asegurarse de que está conectado con sus ancestros antes de viajar al plano astral. Crear su altar o santuario es la mejor manera de hacerlo. Mantenga su altar o santuario y visítelo con regularidad para que sus ancestros estén más receptivos cuando vaya a visitarlos.

## Conocer a sus guías espirituales

Hay muchos guías espirituales diferentes en el mundo druida. El druidismo es sobre la naturaleza, y la naturaleza ayuda a guiarnos. Se pueden dividir los espíritus, además de nuestros ancestros, en tres categorías: plantas, animales y hados. Las plantas son plantas, los animales son animales, y los hados son los espíritus que viven más allá del velo de nuestro mundo. Aprenderá a establecer una conexión con cada uno de ellos para que lo guíen cuando viaje más allá de este mundo y le ayuden cuando esté aquí.

### Espíritus de las plantas

Cuando se trata de comunicarse con las plantas, hay muchas maneras de hacerlo. No necesariamente tiene que hablarles y escuchar una respuesta. Puede que hable con ellas y no obtenga respuesta. También puede oírlas, pero no hablar con ellas. Podría leer su energía o sus emociones, ser capaz de leer las plantas intuitivamente, utilizar herramientas para interpretarlas o leer los presagios y señales que emiten.

O también podría empezar sin nada, y eso está bien. El druidismo es un viaje; a menos que usted tenga estas habilidades por naturaleza, tendrá que aprenderlas. Algunas personas pueden comunicarse naturalmente con los espíritus de algunas maneras, pero la mayoría no puede. Entonces, ¿cómo se entra en comunión con los espíritus de las plantas? Sumérjase en la naturaleza, por supuesto. Cuanto más tiempo pase en la naturaleza, más va a conectar con los espíritus de las plantas.

A medida que desarrolle sus habilidades en relación con la naturaleza, descubrirá que es más hábil para comunicarse con los espíritus de las plantas de una determinada manera. Cuando adquiera la habilidad, cultívela con la práctica. Eso no significa que se olvide de las otras formas de comunicación. Debería trabajar en todas ellas, pero sin duda debe usar sus puntos fuertes.

Una forma estupenda de perfeccionar sus habilidades es practicar el paseo de meditación descrito en el capítulo anterior. Pasee por la naturaleza y preste atención a todo lo que le rodea. Cuanto más interactúe con la naturaleza, más le atraerán ciertas plantas o espíritus de la naturaleza. A menudo se dará cuenta de que conecta con un espíritu o se siente atraído por él cuando no está pensando directamente en él. Conecte con la naturaleza de forma consciente y decidida, pero no busque necesariamente la energía de los espíritus.

Escuche a los espíritus cuando esté en la naturaleza. Como se mencionó previamente, los árboles son poderosos en el druidismo y se encuentra mucha energía de espíritus de plantas en los árboles, especialmente en las raíces que se hunden profundamente en la tierra. Si sigue practicando sus caminatas en la naturaleza, la meditación y la atención plena, usted encontrará a sus espíritus.

Otra cosa que debe tener en cuenta, y puede resultarle divertido pensar en ello, es que los espíritus de la naturaleza son como usted o como yo. No entrará en comunión con un espíritu y encontrará las respuestas al universo. Puede que solo reciba de ellos una sensación o un problema en el que puede ayudar, o puede que simplemente le digan que tienen sed. El mensaje o la intención que reciba de un espíritu vegetal también puede llegarle después de un periodo prolongado, así que no espere una respuesta o mensajes instantáneos. A medida que cambian las estaciones, también cambian los espíritus. Algunos espíritus de plantas solo están presentes en determinadas épocas del año, mientras que otros pueden permanecer inactivos durante una temporada.

Cuando se sienta atraído por una planta, un árbol u otro espíritu de la naturaleza, siga estos pasos para crear una mayor conexión:

1. En primer lugar, elija su planta. Puede que se sienta atraído por una en especial mientras pasea por la naturaleza, interactuando con las plantas y los árboles.

2. Esté con la planta. Esto es una relación, así que esté con la planta cuando esté en la naturaleza. Es tan sencillo como sentarse con una planta o un árbol. Puede sentarse en un árbol o darle un abrazo si quiere.

3. Ábrase al espíritu de la planta. Intente sentir lo que siente la planta. ¿Quiere el espíritu de la planta que usted esté allí? Recuerde que no se trata solo de usted. ¿Está contenta o triste? ¿Puede sentir un mensaje o una intención?
4. Puede hacer una ofrenda si siente que tiene un vínculo con el espíritu de la planta. El tabaco y la salvia son buenas ofrendas; también puede cantar a la planta o tocar un instrumento.
5. Cuide de la planta si lo necesita. Si la planta está bien, puede simplemente estar con ella. Si necesita ayuda, puede reforzar su vínculo regándola o alimentándola.

Cuando se abre a un espíritu vegetal, tiene que estar preparado para aceptar el mensaje de la forma que venga. Puede que reciba un mensaje sencillo, fácil de interpretar. Pero también es posible que el mensaje sea críptico y tenga que meditar sobre él. La meditación de los ancestros puede ayudarle a encontrar respuestas. También puede recibir una sensación, una imagen, una palabra o una canción. Puede ser una melodía, un idioma desconocido o una energía. Sea receptivo a lo que le llega y no se preocupe si no puede descifrar el significado inmediatamente. Normalmente, el mensaje que reciba será algo que le ayude. Así que, si busca respuestas en su vida, asegúrese de preguntar a los espíritus de la naturaleza y luego interprete lo que le dicen.

### Animales espirituales

La mayoría de las personas en la vida tienen un animal espiritual que les ayuda a guiarse. El problema es que pocas personas saben qué es el animal espiritual o cómo utilizar el poder de su animal espiritual. Primero debe saber cuál es su animal espiritual y luego fomentar una relación con él para desbloquear su poder.

**Es importante conectar con tu animal espiritual**
*https://pixabay.com/es/photos/lobos-wolf-pack-bosque-animales-2864647/*

Puede que ya conozca a su animal espiritual. ¿Se ha sentido atraído por algún animal en concreto? ¿Ha sentido que un animal ha intentado comunicarse con usted? ¿Siente algo en su interior, pero no sabe qué es? Todas estas preguntas pueden apuntar a su animal espiritual aliado. Su animal espiritual es algo tanto interno como externo. Está ahí en momentos de necesidad, pero a menudo no lo reconocemos ni aceptamos su ayuda. Al desbloquear a su animal aliado, está desbloqueando su camino por la vida.

Hay varias maneras de descubrir a su animal espiritual; una de ellas es, sí, ¡la meditación! Aunque puede ser complicada, los guías espirituales animales ayudan con la meditación y el viaje. Podría conocer a su animal espiritual haciendo la misma meditación de viaje que hizo en la meditación ancestral, pero puede ser difícil. Un método mejor es la visualización. Medite e intente visualizar a su animal espiritual. Esto puede ser más fácil probando primero los siguientes métodos, estar presente y soñar.

Ha dado muchos paseos por la naturaleza, y ha estado atento mientras los hace. ¿Qué ha encontrado? ¿Hay un animal que viene a usted una y otra vez? Cuando presta atención a la vida, ¿aparecen animales en su día a día? ¿Aparecen en canciones, libros o películas? Preste atención a lo largo del día y tenga en cuenta los animales que aparecen con demasiada frecuencia como para ser una coincidencia. Lo mismo ocurre con los sueños. Cuando sueña, ¿sueña siempre con el mismo animal? Declare su intención antes de dormirse: *«Quiero que mi animal espiritual me visite en sueños».*

Cuanto más piense en su animal espiritual, más lo encontrará en su vida. Y, cuando conozca a su animal espiritual, podrá viajar a través de la meditación y visitarlo. Aprenda más sobre su animal espiritual. Se sabe que los perros son leales, que los halcones tienen una gran vista y que los elefantes tienen una memoria asombrosa. Cuanto mejor conozca a su animal espiritual, mejor se conocerá a sí mismo y podrá fomentar una mejor conexión utilizando el conocimiento de su guía espiritual para reaccionar mejor ante los acontecimientos de su vida. También descubrirá que visitar el plano astral (del que hablaremos más en el próximo capítulo), es más fácil una vez que ha desbloqueado su propio camino, y su espíritu animal caminará a su lado cuando abandone el plano de los mortales.

## Los hados

Los hados engloban a muchos seres diferentes. Hado y hada suenan muy parecido, y hay una conexión entre ellos. Muchos seres diferentes pertenecen a la categoría de los hados, incluyendo elfos, deidades menores, elementales, espíritus de la naturaleza, multiformes y más. Habitan en un mundo intermedio entre el mundo humano y el de los dioses y diosas. Debido a esto, pueden tener más influencia en el mundo humano y pueden dar forma a nuestras vidas.

Los antiguos druidas estaban mucho más en sintonía con los hados, así que se debe trabajar para volver a conectar con ellos. Como especie, hemos vivido lejos de los hados y eso ha generado que vivan lejos de nosotros. Buscándolos intencionalmente, podemos estar mejor preparados para la vida y para los viajes por el plano astral. Los hados son expertos en el plano astral, por lo que debemos buscarlos como guías.

Puede que los hados estén separados de nuestro mundo, pero siguen estando profundamente conectados con la naturaleza. Al sumergirse en la naturaleza, naturalmente se acerca más a los hados. Los antiguos druidas estaban más en contacto con los hados porque estaban más en contacto con su yo espiritual. Puede estar más en contacto con su yo espiritual comunicándose con sus ancestros y encontrando a su animal espiritual. Cuanto más trabaje en su espíritu, más atraerá a los hados.

Cuando busque conectar con los hados en la naturaleza, siga meditando y atento, pero declare su intención mientras camina por el bosque o junto a un río: «*Invito a las hadas y a los duendes a caminar conmigo hoy*». Repita su intención mientras camina.

También puede crear un altar para los hados. Puede montar un altar como el de los ancestros, tanto en el interior como en la naturaleza, pero en lugar de artefactos personales, puede poner ofrendas. La leche y la miel son excelentes ofrendas para los hados. Les atraen las cosas dulces, así que puede hornear algo y colocarlo también en su altar. También puede ofrendar fruta, hierbas, especias y azúcar. En lugar de un altar en el exterior, puede crear un jardín de hados.

Una vez que tenga su altar, pase tiempo en él, igual que pasaría tiempo con sus ancestros. Recuerde que busca estar en comunión con seres de otro mundo, así que le llevará tiempo. Puede que no consiga nada enseguida, pero no se rinda ni pierda la esperanza. Siga practicando y vendrán a usted; verán sus intenciones.

Puede meditar en su altar o probar el viaje para comunicarse mejor con los espíritus. Viven en el plano astral y, si puede viajar a donde están, tendrá una mejor relación. Los hados visitan a veces nuestro plano, pero tendrá más suerte si los visita usted. Practique la visita y la comunión con ellos; cuando se encuentre con ellos en el plano astral, serán más acogedores y estarán más dispuestos a guiarlo en sus viajes astrales.

# Capítulo 5: Viaje al otro mundo

Es posible que haya comenzado su viaje al druidismo del cerco porque había oído hablar de la proyección astral. En el capítulo anterior, se habló del viaje ligeramente. Cuando usted hace la meditación de los ancestros, a menudo viaja en el plano astral. Este es un lugar excelente para empezar, ya que sus ancestros están allí para darle la bienvenida y ayudarle. Hay un lugar al que ir, un destino, lo que facilita mucho el proceso. Como se mencionó antes, cualquier forma de meditación druida puede no dar resultados las primeras veces, así que es una habilidad que se debe perfeccionar con proactividad.

Pasar al otro mundo es aún más difícil y no tiene sentido intentarlo hasta que haya dominado algunas otras habilidades. Si se prepara, tendrá más posibilidades de éxito. Antes de pensar siquiera en viajar al plano astral, debe concentrarse en estar en la naturaleza, crear un altar o santuario, reunirse con los espíritus, meditar en los ancestros y visualizar. También debe desbloquear su animal espiritual. El druidismo es un proceso y no algo que usted pueda conocer desde todos sus ángulos de una vez.

Por otro lado, si usted va a viajar al otro mundo, va a necesitar algunas guías. Su cuerpo no se perderá, pero si se pierde o se mete en algún peligro, se afectarán su mente y su alma. Por eso, antes de viajar al otro mundo, debe tener buenas relaciones con los espíritus de la naturaleza y los hados. También debería haber desbloqueado su espíritu animal para que lo guíe, y tendrá que haberse reunido con sus ancestros, haberlos visitado. Y no se fíe solo de estas palabras. Si está intentando decidir si está preparado o no, puede hacer esa pregunta a sus ancestros. Ellos son expertos en el otro mundo y saben cuál es el momento adecuado.

Tener a todos esos espíritus y a la naturaleza de su lado le facilitará el viaje al plano astral y la navegación cuando esté allí. El objetivo de este viaje es conocer mejor el mundo y hacer preguntas espirituales. ¿Qué le parecería si alguien se presentara en su casa y no tuviera ni idea de quién es? Podría invitarle a pasar y darle algo de comer (los druidas son muy acogedores), pero no compartiría ninguna información personal con él. Conozca a los seres y espíritus que visita antes de ir allí.

Como el proceso del viaje astral puede afectarle profundamente, tendrá que aprender a conectarse a tierra antes y después de viajar. Esto traerá su mente de vuelta al mundo físico y le ayudará a saber que ha regresado al mundo físico. Cuando inicie su viaje en el plano astral, siempre es recomendable que empiece poco a poco. Trabaje en todo lo que hemos discutido hasta ahora en este libro, trabaje en ello durante mucho tiempo y luego intente el viaje astral. Algunas personas nunca podrán hacerlo, pero si es diligente en su preparación y practica mucho, debería abrirse ante usted.

# Conexión a tierra antes y después del viaje astral

La conexión a tierra es importante, no solo para el viaje astral. Cuando se usa la palabra enraizamiento, podría usarse también «atención plena». Al estar atento cuando está en la naturaleza, se está enraizando en este mundo. Se siente más parte del mundo, y eso es beneficioso de muchas maneras. No solo se da cuenta del mundo que le rodea y lo asimila, sino que se recuerda a sí mismo que este es el mundo en el que vive; este es su hogar.

La conexión a tierra puede no parecer algo importante cuando la usa para recordarse a sí mismo que está caminando por este mundo, pero es una buena práctica a la que debe dedicarse cuando quiera continuar su desarrollo dentro del plano astral. Por otro lado, la atención plena le va a ayudar a meditar en la naturaleza con más libertad, perfeccionando aún más sus habilidades. Todo esto para decir que todo está conectado. Cuando practica una habilidad, la siguiente se vuelve más fácil.

Cuando planee un viaje astral, es importante que practique la conexión a tierra antes de intentarlo. Puede hacerlo en la naturaleza o utilizando algunas de las técnicas que le mostraremos a continuación. El enraizamiento debe hacerse antes de viajar para darle un punto de partida y debe hacerse después de viajar para poner fin al viaje. Solo tenemos que fijarnos en los efectos del TEPT o los deja vu para comprender la importancia del enraizamiento.

Las personas con TEPT y otras afecciones reviven recuerdos traumáticos. Se quedan atrapados en sus mentes, y se ha demostrado que la conexión a tierra ayuda a combatir estos efectos. Aunque la proyección astral parece algo asombroso (y lo es), está viajando a un mundo del que no sabe nada, y las cosas que puede experimentar allí pueden estar más allá de su comprensión. Cuando su mente no puede comprender algo, puede pasarle factura. Por lo tanto, no solo es excelente practicar la conexión a tierra y la atención plena durante el viaje astral, sino también durante el día, cuando se inicia la proyección astral. Si ya practica la atención plena, ya tienes el hábito.

Entonces, además de estar atento a la naturaleza, ¿qué puede hacer específicamente para conectarse a tierra antes y después de viajar al otro mundo?

- Simplemente diga su nombre y algo sobre usted. Eso ayuda a traer la mente de vuelta al presente. «Me llamo John Smith, vivo en Edimburgo y esta mañana he desayunado tostadas». Decir esto en voz alta puede parecer una tontería, pero es una técnica de enraizamiento extremadamente eficaz para distraer la mente.

- Respire profundamente. Inhale y exhale diez veces, concentrándose en cada una de ellas y contándolas. Puede hacerlo con los ojos cerrados antes y después de viajar o puede concentrarse en un único punto de su habitación o de la naturaleza para centrar su mente.

- Utilice el agua. Un método consiste en beber agua fría, tragándola lentamente y sintiendo el frescor en la boca, la garganta y el estómago. Recuerde que el agua también ayuda a concentrar su energía psíquica. O puede lavarse las manos y la cara con agua fría, concentrándose en la sensación mientras lo hace. Ni siquiera es necesario que utilice agua. Puede tener a mano una bolsa de hielo u otra cosa fría para presionarla contra su cuello o su frente. No solo le calmará la sensación, sino que también podrá ser consciente de ella.

- Tranquilícese. Antes de entrar en el plano astral y después de salir de él, dígase a sí mismo dónde se encuentra. Puede hablar de su país, ciudad, dirección y habitación. Esto ayuda a su mente a salir del plano astral y volver al plano físico.
- Con los ojos aún cerrados, puede concentrarse en lo que siente su cuerpo. ¿La ropa le aprieta o le queda holgada?, ¿lo roza? ¿Tiene frío o calor? ¿Tiene el trasero entumecido por estar sentado en el suelo?
- Utilice el sonido. Si está en la naturaleza, puede escuchar los sonidos que oye a su alrededor. ¿Oye el piar de los pájaros, el viento, el murmullo del arroyo? Si está en el interior, puede hacer lo mismo, pero si está en una habitación tranquila, puede poner música o sonidos de la naturaleza y concentrarse en ellos cuando vuelva.
- Mire a su alrededor y sea consciente. Cuando vuelva al mundo físico, las cosas parecerán diferentes. Busque colores diferentes a su alrededor, busque la luz que brilla en las cosas de diferentes maneras y encuentre texturas y formas.
- Utilice una goma elástica. Colóquese una banda elástica alrededor de la muñeca y, cuando regrese del plano astral, pase el elástico suavemente por la piel, concentrándose en la sensación.
- No se trata de una lista exhaustiva, pero al leerla debería hacerse una idea del tipo de cosas que puede hacer para conectarse a tierra antes y después de viajar. Si nada de esta lista le resulta atractivo, busque lo que le funcione.

Practique la conexión a tierra cada día para sentirse más conectado con el mundo físico y, cuanto más practique, más fácil le resultará cuando llegue el momento de viajar. La conexión a tierra le ayudará a proteger su mente y a distinguir entre los dos mundos al estar más conectado a este.

## Viajar al plano astral

No es por desanimarlo antes de viajar al plano astral, pero hay ciertas cosas que debe hacer antes. La primera es la conexión a tierra, y la segunda es crear algunas protecciones. Las protecciones son básicamente hechizos mágicos que le protegerán mientras viaja. Si lo piensa bien, viajar astralmente significa que está partiendo su cuerpo por la mitad. Su cuerpo se queda en este mundo, y su mente va al siguiente. Puede que se enfrente a algunos peligros allí. Esto no es para desanimarle; sólo se comenta para ayudarle a viajar sabiendo lo que le espera. Por ejemplo, si está aprendiendo a montar en bici, empieza con los pies en el suelo (conexión a tierra), y sabe que existe la posibilidad de caerse y hacerse daño, así que lleva casco (protección). Conoce los peligros, pero sigue montando en bici. Lo mismo ocurre con el viaje astral.

## Uso de las protecciones antes del viaje astral

Se va de viaje al plano astral. Su cuerpo está en una habitación de su casa, e incluso puede que haya cerrado la puerta con llave. Está a salvo, ¿verdad? Lo está si toma precauciones. Está iniciando su viaje astral, así que tiene sentido que haya otros seres que puedan viajar entre mundos. De hecho, muchos espíritus pueden viajar entre el otro mundo y el mundo físico con bastante facilidad. Esos espíritus podrían muy fácilmente entrar en su cuerpo y hacer un hogar, viviendo como una especie de entidad parasitaria que drena su energía psíquica.

También podría recoger malas energías en sus viajes. El mundo de los espíritus es muy parecido al nuestro, y del mismo modo que puede recoger un autoestopista malo en sus viajes, puede haber un mal espíritu o energía que se adhiera a su mente y espíritu mientras viaja. Incluso puede que parte de su espíritu y energía sean absorbidos por el mundo astral, y que vuelva sintiéndose agotado y tal vez incapaz de viajar de nuevo.

Las protecciones pueden guardarle de todo esto. Protegen su cuerpo cuando su mente está lejos de él, impiden que su espíritu sea atraído al mundo de los espíritus sin su permiso, e impiden que las energías negativas regresen adheridas a su mente.

Voy a enseñarle dos hechizos de defensa comunes para protegerse cuando está en el otro mundo. Hay muchos más hechizos y protecciones que aprender para el viaje astral, tanto ofensivos como defensivos, y una vez que empiece, querrá investigar más sobre lo que puede hacer, pero eso está más allá del alcance de este libro. Empezaremos con algo pequeño y daremos el primer paso en su viaje, y usted puede seguir desde allí.

## Hechizo de protección

Lo que necesitará: utensilios de escritura, papel, romero, lavanda, albahaca, cristales de cuarzo y algunos sobres pequeños.

1. Escriba su intención en el papel: *«Esta protección es para impedir que la energía negativa entre en mi cuerpo físico mientras viajo y para proteger mi mente»*. Cuando empiece a viajar más, puede cambiar la redacción en función de adónde vaya y de lo que vea. Cree cuatro copias.
2. Coloque cada trozo de papel en un sobre y añada también las hierbas y los cristales a los sobres.
3. Cierre los sobres.
4. Coloque los sobres a su alrededor, ya sea en las esquinas de la habitación en la que se encuentra o mirando hacia los cuatro puntos cardinales.

## Protección del glifo

En lugar de utilizar cuatro sobres con ingredientes en su interior, puede utilizar cuatro glifos. El glifo que vamos a utilizar es el glifo de la suerte. Consiste en tres círculos entrelazados. Simplemente dibuje los glifos en trozos de papel y colóquelos a su alrededor. También puede dibujarlos en piedras y colocarlas a su alrededor para protegerse.

## Sus primeros pasos astrales

Aunque es posible que se produzcan viajes astrales espontáneos o viajes astrales en sueños (sueños lúcidos), vamos a explorar la caminata astral intencional, también conocida como experiencia fuera del cuerpo (EFC). Hay mucho que necesita saber, y lo dividiremos en pasos numerados que contienen mucha información, pero es importante saberlo todo antes de empezar. Comenzaremos con la caminata astral cerca de su cuerpo y luego veremos cómo puede caminar por el otro mundo con sus ancestros o su animal espiritual.

1. Elija un lugar desde el cual viajar. Quiere que sea un lugar familiar, para que no se sorprenda cuando deje su cuerpo. También querrá encontrar un lugar donde no le molesten. Si su cuerpo es molestado, su mente volverá a su cuerpo, y eso puede

ser un shock para el sistema. Lo mejor es estar sentado o tumbado. Y debe llevar ropa cómoda. Cualquier incomodidad va a dificultar el viaje.

2. Antes de ponerse cómodo, prepare una o ambas protecciones descritas anteriormente. Es posible que haya viajado al plano astral muchas veces y nunca haya necesitado las protecciones, pero, al igual que cuando lleva un casco para montar en bicicleta, no las necesitará hasta que las necesite.

3. Siéntese o túmbese y realice uno de los ejercicios de conexión a tierra detallados anteriormente. Es importante que realice el mismo ejercicio de conexión a tierra tanto al inicio como al final del recorrido.

4. Cierre los ojos e intente relajarse. Si ha estado practicando la meditación ancestral y la meditación en la naturaleza, esto resultará fácil. Intente despejar su mente de todos los pensamientos y concéntrese sólo en su respiración. Deje que la tensión abandone su cuerpo. No se preocupe si su mente divaga; simplemente vuelva a la respiración cada vez. Cuanto más practique, más fácil le resultará. Ni siquiera piense en que su espíritu abandona su cuerpo; deje que suceda de forma natural. Si todavía resulta difícil, puede sostener un cristal de cuarzo en la mano y sentir las vibraciones que recorren su cuerpo.

5. Con el tiempo, su mente alcanzará un estado en el que parecerá que se está quedando dormido. Esta es la parte más difícil del viaje astral. No se está quedando dormido, aunque si se permite relajarse más, su cuerpo se dormirá. Su mente está tratando de salir del cuerpo, y esto es lo que apaga el cuerpo. Necesita que su cuerpo duerma, pero que su mente se mantenga alerta. En lugar de apartar su mente de su cuerpo, deje que vague por su cuerpo. Sienta cómo su cuerpo empieza a dormir. Sea consciente de cada parte del cuerpo, de una en una, y sienta cómo empieza a descansar. Sienta cómo se separa de usted. En este estado, debe pensar que su cuerpo se separa de su mente y no que su mente abandona su cuerpo.

6. En su mente, mueva cada parte del cuerpo. Empiece por los dedos de las manos y de los pies. Visualice cómo se enroscan y desenroscan. Si ve que su cuerpo reacciona, vuelva atrás e intente encontrar el estado liminal entre la vigilia y el sueño. Siga

visualizando el cuerpo en movimiento en su mente, aunque no se mueva físicamente. Muévase alrededor de todo su cuerpo, visualizándolo en movimiento mientras permanece en este estado liminal.

7. Es en este momento cuando puede sentir energía recorriendo su cuerpo, tal vez una vibración. Acéptela. Si siente esta energía, entonces lo está haciendo bien. No se excite con ella, o corre el riesgo de activar su cuerpo. Simplemente sea consciente de ella y acéptela.

8. Cuando se sienta preparado, separe la mente del cuerpo. Debería ser capaz de visualizar la habitación en la que se encuentra. Póngase de pie y mire su cuerpo en estado hipnótico/mediático. Se recomienda que en este punto regrese a su cuerpo en el primer intento, y luego realice el enraizamiento. Quiere ir paso a paso para acostumbrarse, y sabe que ahora puede hacerlo. Después de unos cuantos intentos de práctica, puede pasar a los siguientes pasos.

9. Cuando sea capaz de separar su mente de su cuerpo, podrá empezar a viajar. Pero, antes de eso, es una buena idea confirmar que realmente está viajando y no visualizando. Muévase por la habitación y busque algo en lo que no se haya fijado antes. Estúdielo, fijándose en la forma, el color, etc. Cuando vuelva a su cuerpo y se despierte, puede buscar el objeto y comprobar si ha viajado mientras meditaba.

10. Cuando salga de su cuerpo, no vuelva a mirarlo. Este acto ayuda a aventurarse más lejos. Salga de la habitación o zona en la que se encuentre, atravesando la puerta si es necesario. No podrá interactuar con los objetos cuando esté en el plano astral.

11. Un buen lugar para visitar en el plano astral son las partes de la naturaleza por las que ha estado caminando. Cuando esté allí, puede que vea algunos espíritus de las plantas y de la naturaleza si están abiertos a aceptarle. Si ha estado en comunión con los espíritus de las plantas, es más probable que esto ocurra. Puede que vea a su espíritu animal aliado mientras viaja. Incluso puede que vea algunos de los hados u otros espíritus que viajan astralmente. Siéntase libre de interactuar con ellos si están abiertos a interactuar con usted.

12. Vaya tan lejos como se sienta cómodo, y cuando esté listo, puede volver a su cuerpo, entrando de nuevo en él. Después de esto, tómese un momento para despertar suavemente pensando en cada parte de su cuerpo y moviéndola lentamente.
13. Repita el ejercicio de conexión a tierra que realizó antes de viajar. Tómese un tiempo para procesar lo que acaba de hacer. Cuando sienta que controla completamente su cuerpo, puede continuar con su día.

## Consejos para el viaje astral

- Mantenga siempre un cuaderno a su lado después de haber viajado. Cuanto más tiempo pase después del viaje, más se le olvidará, así que anote su experiencia tan pronto como termine de viajar para que pueda tener una intención en cada viaje que venga después.
- Cuando empiece a ver a su compañero espiritual animal y a los demás espíritus de la naturaleza o de los hados, podrá interactuar con ellos. Es un buen momento para preparar preguntas y problemas en los que podrían ayudarle o preguntas sobre la vida y el universo. Los espíritus saben más que nosotros y, la mayoría, quieren compartirlo con nosotros.
- Busque un guía. Su animal espiritual es una parte de usted, pero también reside en el plano astral. Cuando viaje allí e interactúe con su animal espiritual, sígalo o pídale que le guíe a lugares. Esta es la guía más segura que tendrá en su viaje astral. También puede recurrir a los espíritus de la naturaleza y de los hados para que le guíen. Sea receptivo a ellos, y no cuestione a dónde le llevan, sino por qué lo llevan. Puede que vea cosas que no quiere ver, pero el objetivo es que vea lo que necesita ver.
- Cuando sea más experto en el viaje astral, utilícelo para viajar hacia y con sus ancestros. Ya habrá practicado la meditación de los ancestros, y esto es viajar en el plano astral. Cuando alcance su estado meditativo, busque una entrada al reino del mar, o pregunte a su animal espiritual o a uno de los otros espíritus. Cuando llegue a sus ancestros, tendrá más interacción con ellos, y también podrán mostrarle lugares. Por supuesto, esto sólo funcionará si ya tiene una relación con ellos.

La proyección astral no es algo que todos harán como druida, y si usted viaja al reino astral, probablemente tomará mucho tiempo para aprender. Hay algunas personas que pasan años aprendiendo a viajar astralmente, y mi mejor consejo es que vuelva a lo que aprendió en capítulos anteriores y lo practique mucho. Permanezca en la naturaleza, esté atento, practique la meditación y sea cuidadoso y deliberado cuando llegue el momento de viajar al plano astral.

Cuando sea capaz de viajar al plano astral, encontrará mucho valor en poder hacerlo. No sólo es una experiencia liberadora, sino que también puede encontrar allí respuestas que no puede hallar en el mundo físico. Como druida del cerco, también va a encontrar allí una comunidad con otros seres que tienen valores similares. Por supuesto, también encontrará algunos que no comparten nada en común con usted, y eso también es valioso.

Practique lo básico y luego pase al viaje astral. Quién sabe, puede que incluso nos veamos allí.

# Capítulo 6: Hierbas, plantas y árboles sagrados

Descubrirá más tarde que los árboles son muy importantes en el druidismo, y hay un alfabeto entero dedicado a árboles, con un árbol diferente que representa cada letra del alfabeto. Ya habrá pasado mucho tiempo en la naturaleza, y eso le dará una oportunidad de ver las hierbas, plantas, y árboles alrededor de usted, pero siempre debe esforzarse por saber más. Revisaremos algunos usos druidas comunes de algunas plantas y hierbas sagradas, pero usted siempre debe hacer su propia investigación antes de salir y recoger plantas. Y siempre debe recordar tomar lo que puede ser dado y agradecer a la naturaleza por lo que da.

Otra cosa que puede hacer es crear su propio grimorio para anotar las plantas y hierbas que utiliza, dónde las ha encontrado, qué aspecto tienen, qué sabor tienen y qué efecto producen. Puede utilizar su grimorio para plantar su propio jardín en el exterior, o en el interior de su casa si no tiene jardín. A lo largo de los años, podrá ir ampliando su grimorio a medida que cuide de sus plantas y hierbas.

También se dará cuenta de que algunas plantas y hierbas se abren más al *awen*. Hablaremos de algunos usos más adelante en este capítulo, pero las plantas y hierbas afectarán a las personas de forma diferente, así que, si siente un efecto que vincula mejor el *awen*, al mundo espiritual, o ayuda a meditar, etc., debería anotarlo e intentar incorporarlo a sus prácticas.

Los druidas utilizan hierbas y plantas
https://www.pexels.com/photo/person-holding-black-scissors-3912947/

# Hierbas y plantas comunes para los druidas y sus usos

Ésta no es una lista completa de ninguna manera, y debe hacer más investigación respecto a plantas, hierbas, y árboles, especialmente los de su zona. Ser un druida es trabajar con la naturaleza, y no hay ningún subconjunto de la naturaleza sólo para druidas. Para ser un druida, usted necesita aprender sobre todas las plantas y hierbas.

### Trigo

Usado para la cosecha. Puede ser usado para decorar su morada o comido en el equinoccio de otoño.

### Judías

Profundas asociaciones con el inframundo y la muerte. Cuando celebre una fiesta con sus ancestros, puede ofrecerles judías en el altar ancestral e incluirlas en sus comidas.

### Bardana, savia de abedul y diente de león

Los tres pueden hervirse y destilarse en elixires que pueden beberse para mejorar la salud, así que incluya algunos en su dieta y añada más cuando no se sienta bien. También pueden ayudar a conectar con el plano astral, así que beba cualquiera de las tres antes de intentar un viaje astral o meditar.

### Artemisa

La artemisa se puede preparar en té, y se dice que puede inducir a la alteración de la conciencia. Esto ayuda con el viaje, así que si tiene problemas para entrar en el mundo espiritual o viajar desde su cuerpo, pruebe con un poco de té de artemisa antes de practicar.

### Prímula y verbena

Si prepara y destila una o ambas, puede crear una tintura que se puede utilizar para bendecir. Prepare una infusión y espolvoréela sobre su altar.

### Clavo y ajo

Ambos ayudan a alejar a los espíritus malignos, y si está viajando o recibiendo espíritus o ancestros en su casa, puede dejar dientes de ajo en el umbral de sus habitaciones para impedir que los espíritus no deseados crucen.

### Bayas de enebro

Conviértalas en un perfume que se puede aplicar al cuerpo o rociar en una habitación para limpiar su aura o su espacio.

### Agrimonia

Haga jabón con agrimonia para disipar las penas cuando se lave. La planta es conocida por extraer la energía negativa. Si no quiere hacer jabón con la planta, puede lavarse la cara y el cuerpo con ella.

### Helecho

Cuando sea más experto en magia druida, podrá usar helechos para crear invisibilidad. Hasta entonces, puede llevar con usted un poco de helecho para no destacar y mezclarse mejor entre la multitud. Si necesita pasar desapercibido, el helecho ayudará.

### Mandrágora

Seque la planta e inclúyala en un collar, un medallón o una bolsita que pueda llevar con usted. La mandrágora ayuda a limpiar el aura y a crear una sensación general de bienestar y felicidad.

### Milenrama

Si tiene problemas con la adivinación, pruebe a hacer varitas adivinatorias con milenrama o a tener un poco de milenrama cerca cuando practique.

### Reina de los prados

Utilícela para preparar hidromiel y bébala para aliviar el malestar estomacal. También puede poner un poco en el baño para aliviar la fiebre o los dolores.

### Frambuesa

Coma las bayas y prepare té con las hojas. El té puede ser un analgésico para las parturientas, y una infusión más fuerte puede aliviar el malestar estomacal.

### Manzanilla

Probablemente conozca esta planta en infusión. Puede encontrarla en la naturaleza y preparar su propia infusión secando las flores. Sirve para calmar el cuerpo y conciliar el sueño. También es beneficiosa para la digestión y ayuda con el malestar estomacal.

### Hierba de la vaca

La planta se puede destilar para hacer vino, o se pueden añadir las flores a una receta de cualquier crema para la piel. Utilícela después de exponerse al sol para calmar la piel y tratar las erupciones. Se puede aplicar a las articulaciones doloridas para aliviar la inflamación y la rigidez, y el vino se puede consumir para la misma dolencia. Prepare una tintura de la raíz para aliviar el dolor de garganta.

### Diente de león

El tallo y las flores pueden comerse, y las raíces pueden tostarse y prepararse en café. El diente de león ayuda a depurar el organismo y a liberar toxinas, mejorando la función hepática.

Como ocurre con cualquier alimento nuevo que se añade a la dieta, sobre todo si lo recolecta y procesa uno mismo, es esencial investigar a fondo antes de consumirlo. Las plantas y hierbas de esta lista no son peligrosas si se consumen de la forma correcta y con moderación, pero debe investigar cada una de ellas y adquirir conocimientos antes de comerlas o beberlas.

Si tiene algún problema de salud, consulte a su médico antes de añadir cualquiera de ellas a su dieta. Las hierbas y plantas de la lista son seguras para comer, pero primero mejore su conocimiento y sabiduría. Asegúrese de conocer la naturaleza antes de usarla.

# Capítulo 7: Lectura del alfabeto arbóreo

Muchas lenguas antiguas empezaron como simples marcas que podrían parecerse a las letras que tenemos hoy en nuestro alfabeto, pero muchas de ellas no tenían las líneas curvas y la escritura cursiva que tienen nuestras letras. Muchas de las lenguas antiguas se basaban en líneas rectas que eran fáciles de tallar en árboles y rocas con herramientas sencillas.

Podemos diferenciar fácilmente entre las letras modernas y las runas, y es posible que ya se imagine formas en la cabeza cuando piense en las runas. El alfabeto arbóreo, también conocido como letras ogham, está formado por líneas rectas, en su mayoría verticales y horizontales, unidas y cruzadas. Hay veinte letras principales, y cada letra corresponde a un árbol, de ahí el alfabeto arbóreo. Es muy probable que esta relación se deba a dos cosas: el fuerte vínculo entre paganismo y naturaleza y el hecho de que las líneas se asemejan a árboles, con una línea principal vertical y otras líneas que se ramifican a partir de esta.

## Historia del alfabeto arbóreo

Es difícil determinar con exactitud cuándo se utilizó por primera vez el alfabeto arbóreo. Se han encontrado inscripciones grabadas en árboles, herramientas, rocas y otras superficies que datan del siglo V, pero algunos estudiosos sugieren que el alfabeto se remonta a mucho antes. Como ocurre con cualquier escrito histórico, artefacto, etc., sólo podemos datarlos hasta el momento en que se descubrió que se utilizaban, pero es casi seguro que son anteriores a esa época y simplemente no se ha descubierto todavía, o las pruebas se han perdido.

En la época de los druidas existían muchas otras lenguas, y una de las teorías sobre la creación del alfabeto arbóreo es que debía utilizarse como una forma de código. Los druidas y otros paganos podían utilizar el alfabeto para comunicarse en secreto cuando lo necesitaran. También era una época en la que las invasiones eran comunes y la guerra siempre era una posibilidad. Al igual que los códigos que se crearon durante las guerras mundiales, el alfabeto arbóreo podría haberse utilizado para enviar mensajes secretos en el campo de batalla sin que el enemigo descubriera los planes y las tácticas.

Ésas son las interpretaciones modernas de la historia del alfabeto arbóreo, pero como ya se ha comentado, es probable que las letras ogham ya existieran antes de que fuera necesario utilizarlas como código, por lo que también existe la posibilidad de que se crearan de otra forma. En el folclore y en algunas religiones, existe la historia de la torre de Babel. La humanidad, en su infinita sabiduría, intentó construir una torre hacia el cielo. Sucedió cuando no existía maquinaria moderna como las grúas. No habrían alcanzado los cielos, pero los dioses decidieron castigar a la humanidad por su ignorancia y dispersaron a la gente, dándoles a todos lenguas diferentes para que no pudieran hablar entre ellos y coordinar de nuevo semejante esfuerzo.

Poco después, un erudito viajó a la torre fracasada para descubrir que todas las lenguas del mundo habían sido repartidas y no quedaba ninguna por coger. Pasó años estudiando las lenguas y tomó lo mejor de cada una, creando una lengua propia. A partir de esa lengua, creó algunas extensiones, y una de ellas se convirtió en el alfabeto arbóreo.

Sea cual sea el método de creación que elija creer, las letras están aquí y puede utilizarlas. Pero debe tener cuidado. Es cierto que las palabras tienen poder, pero eso es aún más cierto con el alfabeto arbóreo. Hay que tener cuidado con su uso, las letras a menudo se pueden utilizar en hechizos y adivinación, de lo que hablaremos en el próximo capítulo, así que asegúrese de que sabe cómo utilizarlas antes de empezar a escribir con ellas.

# Las letras ogham

El alfabeto ogham se divide en veinte letras. Hay más símbolos que pueden utilizarse en adivinación, pero hablaremos de ellos en el próximo capítulo. Dentro del alfabeto, podemos dividir mejor las letras en cuatro subcategorías. Cada letra del alfabeto tiene una línea vertical, y hay una combinación de líneas horizontales. Las líneas horizontales están a la derecha, a la izquierda, en diagonal o a través. Veamos cada sección una por una.

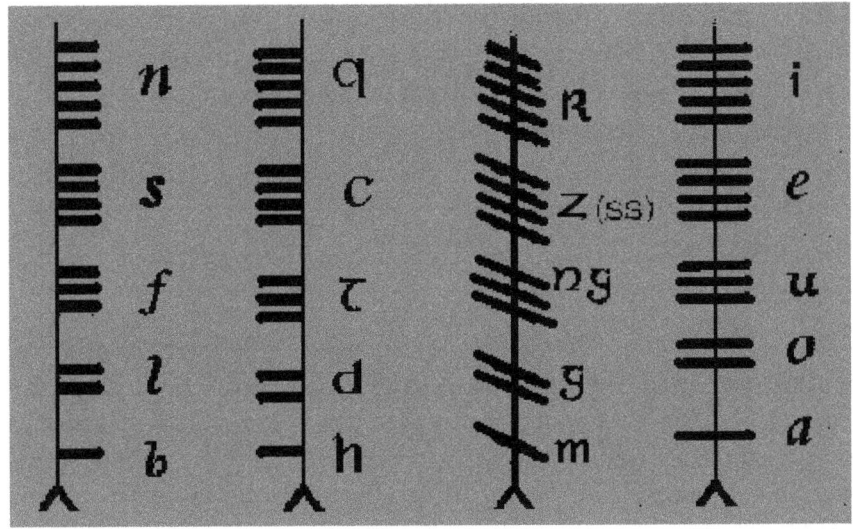

**Alfabeto Ogham**
*El autor original fue Anárion en Wikipedia en inglés, CC BY 1.0*
<*https://creativecommons.org/licenses/by/1.0*>, *vía Wikimedia Commons*
*https://commons.wikimedia.org/wiki/File:Oghamalfabet.gif*

También veremos el uso mágico de cada letra ogham que puede aplicar cuando realice adivinación ogham, que se detallará en el siguiente capítulo.

**Derecha (Líneas horizontales que comienzan en la línea vertical y corren hacia la derecha)**

**B (Beith)**

**Árbol:** Abedul

**Descripción:** Línea vertical con una línea horizontal a la derecha.

**Significado:** Esta es la letra de los nuevos comienzos, el cambio y el renacimiento. También puede significar un renacimiento espiritual, una limpieza del alma. El abedul es un árbol fuerte y resistente que puede crecer casi en cualquier parte, y la madera y la corteza se utilizan a menudo en muebles duros y herramientas.

**Enfoque mágico:** Deshágase de lo negativo, busque el cambio y sea agradecido. Busque lo positivo, renuévese y renazca, y llene el vacío.

### L (Luis)
**Árbol:** Serbal

**Descripción:** Línea vertical con dos líneas horizontales a la derecha.

**Significado:** Esta es la letra de la protección y la seguridad. Los serbales se utilizan a menudo en rituales y hechizos de protección, y también puede notar que si parte la baya del serbal, el interior se parece a un pentagrama, añadiendo más magia a esta letra.

**Enfoque mágico:** Protección, busque la sabiduría y la perspicacia, siga su intuición, sea consciente de lo que le rodea, busque lo que quiere hacerle daño y mantenga los pies en la tierra.

### F (Fearn)
**Árbol:** Aliso

**Descripción:** Línea vertical con tres líneas horizontales a la derecha.

**Significado:** Esta letra denota el mes de marzo y está fuertemente relacionada con el equinoccio de primavera. También puede utilizarse para simbolizar un puente, tanto físico como mágico. Los alisos crecen en regiones pantanosas donde otros árboles no lo harían, lo que significa que es un árbol resistente.

**Enfoque mágico:** Sobrevivir donde otros no pueden construir puentes, saber quién es, encontrar la singularidad en los demás, reparar lo que está roto, dar consejos.

### S (Saille)
**Árbol:** Sauce

**Descripción:** Línea vertical con cuatro líneas horizontales a la derecha.

**Significado:** Esta es la letra del agua, ya que los sauces suelen crecer cerca de una fuente de agua abundante. Esta letra no sólo denota crecimiento físico, sino que también fomenta el crecimiento espiritual. Es un símbolo muy utilizado en rituales de protección.

**Enfoque mágico:** Protección, feminidad, curación, crecimiento, emprender un viaje, estar preparado, dejarse llevar.

### N (Nion)
**Árbol:** Fresno

**Descripción:** Línea vertical con cinco líneas horizontales a la derecha.

**Significado:** El fresno es uno de los árboles más sagrados en los círculos druidas, y esto hace que la letra sea una de las más poderosas. Puede considerar esta letra como un vínculo entre los mundos.

**Enfoque mágico:** ser responsable de sus actos, conexión, unir a la gente, pensar en sus palabras y considerar la naturaleza.

**Izquierda (Líneas horizontales que comienzan en la línea vertical y corren hacia la izquierda)**

### H (Huath)
**Árbol:** Espino

**Descripción:** Línea vertical con una línea horizontal a la izquierda.

**Significado:** Los espinos suelen ser espinosos y se utilizan como protección en rituales y hechizos. También puede escribir la letra en joyas para tener una protección extra, y la letra es genial cuando realiza una proyección astral. La letra también se asocia con los hados.

**Enfoque mágico:** Ofrece protección, comunica con los espíritus, ayuda en la fertilidad, busque ayudar a los demás y encuentre fuerza espiritual.

### D (Duir)
**Árbol:** Roble

**Descripción:** Línea vertical con dos líneas horizontales a la izquierda.

**Significado:** Esta letra es poderosa, como el árbol que simboliza. Se puede considerar la reina de las letras, que preside todas las demás. La letra se asocia con la masculinidad y la protección.

**Enfoque mágico:** Ayuda en la fertilidad, masculinidad, ofrece protección, ser un líder, suerte, busque lo inesperado, encuentre oportunidades y sea resistente.

### T (Tinne)
**Árbol:** Acebo

**Descripción:** Línea vertical con tres líneas horizontales a la izquierda.

**Significado:** El acebo se utilizaba a menudo para fabricar armas, y la letra es una letra de poder. Es otra letra protectora que puede usarse en el plano astral para alejar a los espíritus negativos.

**Enfoque mágico:** Las estaciones están cambiando, renacimiento, ofrecer protección a la familia, contraatacar, ser honorable y estar junto a los que le rodean.

### C (Coll)

**Árbol:** Avellano

**Descripción:** Línea vertical con cuatro líneas horizontales a la izquierda.

**Significado:** Esta letra es la fuerza vital del alfabeto, igual que el avellano regala avellanas. Normalmente, los avellanos se encontraban cerca de aguas sagradas, así que también puede usar la letra para simbolizar eso. Es una letra poderosa en la adivinación.

**Enfoque mágico:** Encontrar lo sagrado, la sabiduría, ayudar en la creatividad, guiar a los que le rodean, estar en comunión con el mundo espiritual y encontrar una musa.

### Q (Quert)

**Árbol:** Manzano

**Descripción:** Línea vertical con cinco líneas horizontales a la izquierda.

**Significado:** Las manzanas pueden significar una realización o una entrega de conocimientos, quizá un renacimiento total, como en el caso de la manzana del Edén. Las manzanas rojas también se asocian con el alimento y el amor.

**Enfoque mágico:** El amor floreciente, la cosecha, afrontar elecciones difíciles, saber cómo manejarse, elegir el camino, interpretar las señales.

**Diagonal (Líneas horizontales que pasan por la línea vertical en una diagonal)**

### M (Muin)

**Árbol:** Vid

**Descripción:** Línea vertical con una línea horizontal que la atraviesa en diagonal.

**Significado:** Esta es una letra de verdad. Así como el vino puede hacernos hablar sin pensarlo, a menudo la letra puede invocar la verdad también. Puede usarla para encontrar la verdad, al colocarla a su alrededor le ayudará a ser más sincero, tanto con usted mismo como con los demás.

**Enfoque mágico:** Busque la verdad, diga la verdad y sea introspectivo. Piense antes de hablar, mire al futuro y reflexione.

## G (Got)

**Árbol:** Hiedra

**Descripción:** Línea vertical con dos líneas horizontales que la atraviesan en diagonal.

**Significado:** Las enredaderas giran en espiral alrededor de rejas, árboles y arbustos, normalmente hacia arriba, hacia el sol. Podemos utilizar esta letra para representar nuestro crecimiento espiritual, ya que giramos en círculos, pero siempre hacia arriba. Esta letra también puede utilizarse para representar la muerte. Una hiedra seguirá viva incluso después de que haya muerto aquello en lo que crecía, al igual que nuestro espíritu seguirá vivo.

**Enfoque mágico:** Crecimiento, vida después de la muerte, buscar relaciones positivas, eliminar la negatividad, mirar hacia dentro y crecer, pedir ayuda y encontrar la comunidad.

## nG (nGeatal)

**Árbol:** Carrizo

**Descripción:** Línea vertical con tres líneas horizontales que la atraviesan en diagonal.

**Significado:** Puede representar tanto la música como la batalla, ya que las cañas se utilizaban a menudo para fabricar flechas, flautas y otros instrumentos musicales. Ambos finales tienen que ver con la acción, así que use esta letra como letra de acción o para inspirarle a la acción.

**Enfoque mágico:** Una llamada a la acción, estar con la familia y los amigos, sanar, ser un líder, reconstruir lo que está roto, encontrar el orden, viajes espirituales y comprensión.

## San (Straith)

**Árbol:** Espino negro

**Descripción:** Línea vertical con cuatro líneas horizontales que la atraviesan en diagonal.

**Significado:** El espino negro se asoció durante mucho tiempo con la victoria, a menudo ondeaba en los estandartes o se rezaba bajo él tras ganar una batalla. También es un árbol en el que las bayas aparecen tras la primera helada, lo que lo convierte en un símbolo de alimento cuando queda poco.

**Enfoque mágico:** Afrontar la adversidad, afrontar los problemas de frente, buscar lo inesperado, sorprender, superar los obstáculos y hacer cambios.

### R (Ruis)

**Árbol:** Saúco

**Descripción:** Línea vertical con cinco líneas horizontales que la atraviesan en diagonal.

**Significado:** esta letra se utiliza a menudo en torno al solsticio de invierno. Puede añadir esta letra a las celebraciones cercanas al final del año, cuando las cosas están llegando a su fin. Pero también es una letra de renacimiento. Lo que una vez terminó renacerá de nuevo, y el gran ciclo de la vida continuará.

**Enfoque mágico:** Renacimiento físico y espiritual, finales, nuevos comienzos, adquirir sabiduría y conocimiento, volver a sentirse niño, seguir creciendo.

### A través de (líneas horizontales que pasan rectas a través de la línea vertical)

### A (Ailm)

**Árbol:** Olmo

**Descripción:** Línea vertical con una línea horizontal recta que la atraviesa.

**Significado:** El olmo es un árbol alto, que a menudo se eleva sobre los demás árboles de un

bosque, y esta letra representa la naturaleza escultural. Puede utilizar esta letra cuando quiera

transmitir una visión clara. Al igual que el olmo puede elevarse por encima y ver lo que ha

llegado y lo que está por llegar, usted también puede ver mejor si utiliza esta letra.

**Enfoque mágico:** Encontrar sentido al pasado, mirar al futuro, ser flexible, crecer espiritualmente, encontrar la sabiduría, permitir que los demás le sigan y convertirse en un líder.

### O (Onn)

**Árbol:** Arbusto de tojo

**Descripción:** Línea vertical atravesada por dos líneas rectas horizontales.

**Significado:** Esta letra es una fuente de alimento, tanto físico como espiritual. El arbusto de tojo daba alimento a personas y animales, y a su alrededor crecían ecosistemas enteros. Los arbustos de tojo prosperan cuando se agotan para dar paso a un nuevo crecimiento, y podemos aplicar esto a nuestra vida. Cuando nos deshacemos de lo viejo, tenemos espacio para lo nuevo.

**Enfoque mágico:** Deshágase de la madera muerta, encuentre crecimiento y protección, siga sus sueños, emprenda un viaje y sirva de mentor a otro.

### U (Uhr)

**Árbol:** Brezo

**Descripción:** Línea vertical atravesada por tres líneas rectas horizontales.

**Significado:** El brezo es una planta atractiva y, al igual que el brezo proporcionaría polen a las abejas, la letra puede utilizarse para denotar belleza o el don de la belleza. Se puede utilizar la letra para promover mejor la sanación o regalarla, tanto física como espiritualmente.

**Enfoque mágico:** Hacer un regalo, sanar, buscar la belleza, dejar ir el estrés, escuchar a su cuerpo, centrarse en su espíritu y tiempo para meditar.

### E (Eadhadh)

**Árbol:** Álamo

**Descripción:** Línea vertical atravesada por cuatro líneas rectas horizontales.

**Significado:** Un árbol duradero y resistente que puede crecer en casi cualquier lugar. Es una letra resistente que puede combinarse con otras para potenciarlas y fortalecerlas. Es una letra de éxito y conquista. Muchos héroes de la mitología y el folclore se muestran con este símbolo.

**Enfoque mágico:** Mire a los hados, sea flexible, despréndase de sus preocupaciones, sea valiente, ábrase a las experiencias, olvide las posesiones materiales y emprenda un viaje.

### I (Ioadhadh)

**Árbol:** Tejo

**Descripción:** Línea vertical atravesada por cinco líneas rectas horizontales.

**Significado:** El tejo representa la muerte, y esta puede verse como la letra de la muerte, pero no se preocupe, en los círculos druidas, la noción de muerte es simplemente una transición o cambio. Incluso cuando morimos físicamente, nuestro espíritu sigue vivo.

**Enfoque mágico:** Renacimiento, nueva vida, transiciones y cambio, minimizar su vida, dar la bienvenida a lo que está por venir, busque obstáculos y acepte su miedo.

## Escribir con las letras Ogham

Esto es todo sobre las letras del alfabeto principal. Las letras pueden tener poder si las usa en ciertos rituales y hechizos, pero si se limita a escribir las letras para registrar pensamientos y sentimientos, no tendrá problemas. Tenga en cuenta que cuando escribe una letra, está transmitiendo algo. Escribir letras en un diario para registrar sus emociones del plano astral podría hacer precisamente eso. Tallar letras ogham en un árbol podría tener un efecto no deseado.

Verá que todas las letras del alfabeto tienen algo en común. Cada una tiene una línea vertical. Esto facilita la escritura de largas secuencias de letras. Puede dibujar una línea recta a lo largo de la página y luego añadir las líneas de ramificación para indicar las letras, dejando espacios en blanco. Con un poco de práctica, escribir y leer así puede convertirse en algo natural. Como somos una sociedad que suele escribir de izquierda a derecha, de arriba abajo, también puede poner las letras una al lado de otra. Puede dibujar una línea horizontal a lo largo de la página y luego añadir líneas verticales que representen cada letra girada.

Se necesita un poco de práctica para memorizar todas las letras y escribirlas libremente, pero al menos no hay que practicar la cursiva. Lo mejor de las letras es que podrá escribirlas con facilidad y serán fáciles de leer, por muy mala que sea su letra. Y están agrupadas por sus líneas horizontales. Es mucho más fácil aprenderlas en grupos que intentar memorizarlas en orden alfabético.

### *Entonces, ¿qué se puede hacer con el alfabeto?*

En el próximo capítulo veremos cómo realizar adivinaciones con ellas, pero por ahora sólo tenemos que preocuparnos de la escritura básica y de algunos usos básicos de las runas.

Como ya se ha mencionado, puede utilizar las letras ogham como un alfabeto normal y usarlas para escribir en diarios o libros. No son tan rápidas como el alfabeto normal, por lo que es posible que quiera utilizar las letras para registrar pensamientos y sentimientos privados que no quiere que nadie más vea.

Las letras tienen poder, así que no se deje engañar utilizándolas para decorar, ya que pueden tener consecuencias no deseadas. Sin embargo, puede utilizarlas como runas. Utilice las letras individualmente, y úselas para representar una intención específica. Por ejemplo, cuando esté viajando al plano astral y quiera proteger su cuerpo físico, puede elegir una de las letras que denota protección y dibujarla en cuatro trozos de papel para ponerla a su alrededor. Ha creado una runa que va a protegerlo.

Puede hacer lo mismo con cualquiera de las letras. Por ejemplo, si necesita más confianza o suerte, puede tallar el duir en un collar y llevarlo alrededor del cuello. En las descripciones anteriores puede ver lo que significa cada una de las letras, y puede elegirlas en consecuencia. Sólo asegúrese de utilizar una letra cada vez. De este modo, sabrá la intención que está creando. Cuando empieza a combinar letras en runas, puede crear intenciones no deseadas.

# Capítulo 8: Adivinación ogham

Puede utilizar las letras expuestas en el capítulo anterior para realizar adivinación ogham. Esto significa básicamente que usará las letras para ver el futuro, acontecimientos, posibles resultados, y cosas por venir, o ganar perspicacia y conocimiento del mundo alrededor de usted.

Como con muchas cosas en el mundo druida, usted necesitará practicar. Hacer la parte de adivinación real es fácil. Usted puede seleccionar algunas letras al azar, y ya está. Pero necesita interpretar las letras. Si saca la letra de la suerte, ¿significa que se va a venir buena suerte o mala suerte? Si saca varias runas de protección, ¿necesita protección, debe proteger a otra persona o tiene un don de protección?

Con la adivinación ogham, cuanto más practique, mejor se le dará, y cuando esté interpretando los resultados, necesita pensar sobre lo que encuentra y a menudo meditar para encontrar la respuesta. Incluso entonces, puede que no haya una respuesta fija, o que haya múltiples respuestas. Y recuerde que lo que ve está por venir y no es fijo. El futuro aún puede cambiar, y lo que ve al hacer adivinación es sólo lo que podría venir si se sigue el mismo camino.

También es importante tener en cuenta que puede que no le gusten las respuestas que obtenga. Y, cuando usted está haciendo preguntas antes de hacer la adivinación, las preguntas deben conducir a una respuesta clara y tienen la capacidad de ser contestadas fácilmente. Por ejemplo, podría preguntar cómo encontrar el amor en el futuro, pero sería inútil preguntar cuál es el significado del universo. Intente hacer preguntas más pequeñas para empezar y construir preguntas más grandes después.

## Más letras ogham

Antes de empezar con la adivinación, necesitamos añadir algunas letras al alfabeto. Al igual que con el alfabeto arbóreo, estas letras están formadas por líneas rectas, con líneas que se ramifican desde el tronco principal.

### Ea - Eabhadh

Dos líneas horizontales cruzan la línea vertical por el medio, una diagonal hacia arriba de izquierda a derecha y la otra diagonal hacia abajo de izquierda a derecha.

**Enfoque mágico:** Trabajar juntos, comunidad, resolver y reconocer las diferencias, asociación, no juzgar, justicia, sabiduría.

### Oi - Oir

Cuatro líneas a cada lado forman dos triángulos equiláteros a cada lado de la línea vertical, en el centro.

**Enfoque mágico:** Crecimiento y cosecha, familia, honor, hacer preguntas, trabajar juntos, conexión, aconsejar a dos partes, propósito común.

### Ui - Uillean

Una línea sale del centro de la línea vertical, hacia la derecha. Continúa hacia arriba, luego hacia la izquierda y después hacia abajo, sin que la línea se cruce consigo misma.

**Enfoque mágico:** Los secretos, lo oculto, los deseos más profundos, la curación, ver las metas, hacer realidad los sueños, mantenerse fiel, el amor, dejar atrás las distracciones.

### Io - Ifin

Dos líneas diagonales comienzan debajo del centro y corren paralelas hacia la derecha y hacia arriba. Otras dos líneas diagonales comienzan por encima del centro y corren paralelas a la derecha y hacia abajo.

**Enfoque mágico:** Ver lo que no se ve, claridad, perspicacia, culpabilidad, conflictos no resueltos, encontrar un final, reparar relaciones, hacer enmiendas, provocar cambios, canalizar la energía.

### Ae - Amhancholl

Una cuadrícula de líneas de cuatro por cuatro en forma de cuadrado se extiende desde la izquierda de la línea vertical.

**Enfoque mágico:** Limpieza y purificación, ayuda en el parto y la curación, deshacerse del equipaje, centrarse en lo espiritual, reconsiderar los planes y resurgir de las cenizas.

Voy a mostrar dos formas de adivinación, una con letras, que se parece mucho a una lectura del tarot, y la otra utilizando runas, como hacían los nórdicos. Aunque ambas se basan en medios diferentes, las dos utilizan las mismas letras, las 20 del capítulo anterior y las 5 de éste, y los mismos procesos. Canalizará su perspicacia y su espíritu interior hacia las letras para adivinar el significado de una pregunta. También puede no hacer una pregunta, y el mundo espiritual responderá a una pregunta que no sabía cómo hacer.

## Adivinación ogham con una baraja de letras
### Creación de la baraja

Lo primero que tiene que hacer es crear su mazo de cartas. Para ello, va a necesitar 25 trozos de cartulina o papel. La baraja funcionará con cualquier papel rígido, y es recomendable que busque *calidad,* ya que va a querer usar esta baraja una y otra vez; necesitará algo que dure.

Puede utilizar cartulinas de alta calidad y plastificarlas después, aunque no es obligatorio. Puede utilizar cualquier cartulina y rehacer las tarjetas cuando sea necesario, pero es mejor hacerlo una vez y tener las tarjetas durante mucho tiempo.

El siguiente paso es elegir el tamaño de las tarjetas. Puede comprarlas ya hechas o cortarlas a su medida a partir de la cartulina que tenga (yo recomiendo entre el tamaño de una carta normal y el de una carta de tarot). Elija el tamaño que prefiera.

Una vez que tenga sus tarjetas, y es mejor tener demasiadas por si se equivoca con alguna, puede empezar a dibujar los símbolos. Debería considerar dibujarlos libremente en lugar de imprimirlos, ya que crea una mejor conexión con el símbolo, pero no es obligatorio. Dibuje las 25 letras de árbol, una en cada tarjeta. También puede dibujar un diseño en el reverso, pero los reversos deben ser todos iguales para evitar dibujar inconscientemente las letras que quiera.

Cuando tenga sus 25 tarjetas, puede hacer una caja o recipiente para guardarlas.

### Uso de las cartas para la adivinación

Hay dos formas de utilizar las cartas. La primera es pedir orientación general, y la segunda es pedir una respuesta a una pregunta específica.

Ambos métodos empiezan de la misma manera. Independientemente de lo que pida, debe sentarse cómodamente y empezar a barajar las tarjetas. Mientras baraja, entre en un estado de meditación consciente y atento al mundo que le rodea. Intente despejar su mente y pensar en lo que necesita que se le revele.

El primer método que puede utilizar es pedir orientación general, y ésta es una buena práctica para hacer a primera hora de la mañana. Va a hacer una pregunta del tipo: «¿Cómo debo afrontar mi día?» o «¿En qué tengo que trabajar hoy?». Siga barajando las cartas hasta que se sienta en paz y, entonces, deje de barajar y dele la vuelta a la carta superior de la baraja. Esta es la guía para su pregunta. Vuelva a consultar este capítulo o el anterior para ver qué significa esa tarjeta.

El segundo método consiste en formular una pregunta concreta. Haga la misma meditación que antes y siga barajando las cartas. Formule una pregunta concreta en su mente y, cuando esté preparado, dígala en voz alta. Puede ser algo como «¿Encontraré el amor este año?» o «¿Cómo puedo aprobar mi próximo examen?». Reparta las tres primeras tarjetas después de dejar de barajar.

Aquí es donde la cosa se complica un poco. Cada carta tiene múltiples significados, y esos significados estarán relacionados con usted, así que no puede confiar en que otra persona interprete el significado por usted. Tiene que pensar en la respuesta y actuar en consecuencia.

Por ejemplo, para la pregunta «¿Encontraré el amor este año?», puede que reciba una respuesta que hable de suerte, relaciones rotas y muerte. Cuando piense en esto, puede que llegue a la conclusión de que necesita crear una pulsera rúnica con la runa de la suerte para aumentar su suerte, necesita reparar una amistad, y eso puede que lleve a conocer a alguien, y necesita renovarse y hacer más ejercicio, aumentando su confianza y posiblemente conocerá otras personas.

## Adivinación ogham con runas

### Cómo crear sus runas

Para crear sus runas, va a utilizar trozos de ramas. En un mundo perfecto, sería capaz de encontrar 25 árboles diferentes, emparejándolos con las 25 letras diferentes del alfabeto arbóreo, pero no necesita hacerlo. Estaría muy bien que lo hiciera, pero no es obligatorio.

Lo que sí es obligatorio es reunir 25 ramas, o ramas que puedan dividirse en 25 trozos. No se preocupe; al final de esta sección aprenderá un truco de bajo presupuesto. Ahora bien, hay que tener en cuenta algunas cosas. Sólo debe tomar de la naturaleza lo que se da, y no debe alterar el ecosistema. Esto significa que es mejor recoger ramas que ya se hayan caído o raíces que se hayan desprendido. Lo segundo que hay que tener en cuenta es el tamaño. Las piezas deben ser un poco más gruesas que un lápiz, pero no tan largas. Debería poder tallar runas en cada una, pero todas deberían caber en una bolsa que pueda llevar con usted.

Cuando tenga los 25 trozos de madera (o menos, pero más largos), tiene que cortarlos a medida. Recórtelos todos para que tengan más o menos la misma longitud, y no se preocupe si no tienen todas exactamente la misma forma, aunque deben ser relativamente rectos.

A continuación, debe tallar o dibujar runas en cada uno de ellos, una letra por cada trozo. También puede decorar los palos añadiendo cintas o cordeles en los extremos o pintándolos. Mientras no se enreden, podrá utilizarlos fácilmente.

Cuando tenga sus 25 runas, guárdelas en una bolsa o caja para que se mantengan juntas y estén listas para usar.

Truco de bajo presupuesto: En lugar de utilizar ramas y cortarlas o comprar palos, puede utilizar palitos de helado que vaya guardando.

### Uso de las runas para la adivinación

Ahora ya puede utilizar sus palos para la adivinación. Al igual que con las cartas, va a formular una pregunta de dos maneras. La primera es pedir orientación general, y la segunda es hacer una pregunta más específica.

Si pide orientación general, entre en el mismo estado meditativo que cuando pide orientación con una carta. Podría ser algo como «¿Qué debo fomentar en los demás?» o «¿A qué debo prestar atención hoy?». Cuando haga la pregunta en voz alta, busque en su bolsa o caja y saque uno de los palos. Ésa es la respuesta a su pregunta.

Para el segundo método, hay dos formas de hacerlo. Ambas requieren que medite sobre la pregunta y luego la formule: «¿Cómo puedo conseguir un ascenso en el trabajo?» o «¿Cuándo es mejor contactar con los espíritus?». Cuando formule su pregunta en voz alta, meta la mano en la bolsa o caja y saque tres palos. A continuación, tendrá que interpretarlos para llegar a su respuesta.

La segunda forma de abordar esta cuestión es formular la pregunta en voz alta y, a continuación, tirar los palos al suelo delante de usted. Mire los palos y busque patrones en su disposición que se parezcan a las letras de un árbol. Puede que encuentre más o menos de tres patrones, y no pasa nada. Utilice lo que encuentre para interpretar la respuesta a la pregunta.

Como con todo lo que vale la pena, tiene que practicar esta habilidad para mejorar. Cuando comience, quizás no podrá entender las respuestas, pero todavía no entiende del todo que es el druidismo. No se desanime. Cuanto más lo haga, más sentido tendrá. Practique la adivinación, y comenzará a hacerse cada vez más clara.

# Capítulo 9: Días sagrados y cómo celebrarlos por su cuenta

Así como cualquier religión o sistema de creencia, hay días festivos y días especiales asociados con el druidismo. Sólo porque usted es un druida de cerco no significa que no puede celebrarlos solo. Usted practicante puede ser un druida de cerco y tener una comunidad alrededor que no son druidas, y podría invitarlos a celebrar con usted, o podría celebrar dentro del plano astral. Y no hay nada malo en celebrar las fiestas solo; algo de tiempo a solas puede hacer maravillas para el espíritu.

El calendario pagano está representado en La Rueda del Año, y puede pensar que la rueda está dividida por ocho radios, espaciados equitativamente. Al final de cada radio hay una fecha, y en esa fecha cae una fiesta druida. Cuatro de estas fiestas celebran las estaciones, una por cada estación, y las otras cuatro son fiestas históricas. Como las fiestas estacionales corresponden a las estaciones, encontrará que se celebran en diferentes momentos en los hemisferios norte y sur. También encontrará fiestas paganas que influyen enormemente en las fiestas de la mayoría de las religiones modernas. Puede celebrar cada una de las ocho fiestas solo o con otras personas.

La Rueda del Año incluye las siguientes fechas importantes:

- **1 - 2 de febrero:** Imbolc
- **19 - 23 de marzo:** Ostara

- **30 de abril - 1 de mayo:** Beltane
- **19 - 23 de junio** Litha/Midsummer
- **1 - 2 de agosto** Lughnasadh
- **20 - 24 de septiembre** Mabon
- **31 de octubre - 1 de noviembre** Samhain
- **19 - 23 de diciembre:** Yule

Una de las cosas más importantes que hay que saber como druida es que nada es obligatorio. Si hay algunos días festivos que usted no quiere celebrar, no necesita celebrarlos. Si quiere celebrarlos todos, adelante. En esencia, usted puede adaptar cada día de fiesta, y la mayor parte del druidismo de cerco, a usted.

La mayoría de las fiestas druidas consisten en celebrar lo que tenemos y dar gracias por la cosecha. Cuando nos fijamos en los antiguos druidas, es fácil ver por qué se celebra tanto la comida y por qué forma parte de la celebración. La comida no era tan fácil de conseguir hace cientos de años, y tener comida era una celebración en sí misma. En el nivel más básico, se puede celebrar cada una de las fiestas comiendo solo, compartiendo comida o festejando con los demás. Cada festividad está relacionada con el agradecimiento, así que puede mostrar gratitud mientras come pensando en aquello por lo que está agradecido. Es un buen hábito que debe adquirir siempre que se siente a comer.

## Imbolc

Cuando se pone el sol el 1 de febrero, Imbolc ha comenzado. Es la primera fiesta del año y es el momento de empezar a celebrarla, ya que estamos a mitad de camino entre el invierno y la primavera. Piense en los antiguos druidas y en lo emocionados que debían estar por la llegada de la primavera y en cómo miraban todas las semillas que podían plantar y las plantas y flores que crecerían.

Imbolc también se conoce como la fiesta de Brigid y, como su nombre indica, puede celebrar una fiesta en esta festividad. Por supuesto, si celebra solo, puede hacer su propio festín y cocinar sólo lo suficiente para usted. Cuando celebre Imbolc, también puede honrar a la diosa Brigid ofreciéndole comida y bebida. Simplemente ponga un plato y un vaso y llene un poco ambos como gesto hacia la diosa o realice uno de los ritos o rituales que se detallan en un capítulo posterior.

Hay muchos festivales dentro del calendario druida que se consideran festivales del fuego, e Imbolc es uno de ellos. Tradicionalmente, los druidas y otros celebrantes celtas encendían un fuego para evitar el frío y la oscuridad. Por eso algunos festivales se consideran fiestas del fuego. Si quiere celebrar un acto comunitario, puede encender una hoguera (de forma segura), aunque también puede hacer una hoguera usted solo, o puede representar el fuego encendiendo una vela.

Como celebramos la mitad del invierno, esperamos la llegada del calor y de días más largos. Esta es una buena fiesta para ser introspectivo y considerar su crecimiento tanto en los años anteriores como para el año que viene. Si le gusta hacer planes para su crecimiento durante el año y más allá, puede ser una buena idea incluirlos en su celebración. Tenga preparado un diario y piense en usted mismo y en cómo quiere crecer en los próximos meses. Utilice este proceso de pensamiento como una celebración. Al igual que nuestros ancestros celebraban la llegada de la primavera, nosotros deberíamos celebrar el crecimiento de nuestro interior.

## Ostara

Las fechas de Ostara cambian según el hemisferio: en el hemisferio norte se celebra en marzo, mientras que en el hemisferio sur cae en septiembre. Ostara también se conoce como el equinoccio de primavera y era un momento muy importante para nuestros ancestros. Era el comienzo de la primavera, un momento en el que podían plantar sus semillas y esperar una abundante cosecha más adelante en el año.

Quizá haya notado también que Pascua se parece mucho a Ostara, y no es una coincidencia. Gran parte de la religión ha sido tomada de tradiciones paganas, y aunque no estamos invalidando la celebración de la Pascua como fiesta religiosa, se sabe que la fecha de la celebración fue elegida para coincidir con la celebración pagana para permitir celebraciones más abiertas cuando las personas de fe eran perseguidas.

Durante Ostara también se observa un simbolismo muy similar. Los huevos se utilizan en muchas decoraciones, simbolizando el nuevo crecimiento que llega durante la primavera. El nacimiento y la eclosión de un huevo pueden compararse directamente con la siembra y la cosecha. Para decorar la casa, o incluso la mesa, se pueden utilizar huevos, cáscaras de huevo, formas de huevo y dibujos de huevos. También puede incorporar huevos a las comidas de ese día.

La celebración de Ostara debe su nombre a la diosa germánica Ostara, la diosa de la primavera. Era la que traía la primavera y por ello era venerada.

Muchos templos y lugares de culto estaban alineados con el sol y los equinoccios, e incluso es posible que encuentre cerca de usted algunas estructuras que lo estén, y puede buscarlas cuando celebre el día. Si quiere celebrarlo solo, puede estar al aire libre bajo el sol, y es tradicional madrugar para ver el amanecer e incluso quedarse fuera hasta que el sol se pone. También puede darse un festín en este día, aunque también puede optar por ayunar si quiere centrarse en la época en que los alimentos eran más escasos. Haga lo que haga, asegúrese de pasar algunos días al aire libre.

## Beltane

Desde que sale el sol el 30 de abril hasta que se pone el 1 de mayo, y en el lado opuesto del calendario en el hemisferio sur, se celebra Beltane. El equinoccio de primavera queda atrás, y el solsticio de verano, delante.

Hay varias formas de celebrar Beltane. Algunos lo ven como una fiesta de los días que se alargan, de más luz y crecimiento personal. Otros relacionan la fiesta con la fertilidad, tanto en nosotros mismos como en el mundo que nos rodea. Podemos elegir intentar concebir durante Beltane si tenemos problemas de fertilidad, o podemos reconocer la fertilidad en nuestro interior en forma de ideas y pensamientos.

Al igual que escribió en Imbolc, también puede hacerlo durante Beltane. Deje que el festival despierte su imaginación y tómese su tiempo para estar a solas con usted mismo y centrarse en sus ideas. Afine sus ideas para poder hacer planes para el resto del año. O céntrese en la fertilidad que lo rodea. Puede aprovechar la celebración para plantar semillas tanto dentro como fuera de casa. Empiece a cultivar flores, hierbas o plantas.

Beltane es otra fiesta del fuego, así que puede celebrarlo con una hoguera u otra representación del fuego. En esta época del año, la gente se preocupaba por las cosechas y los animales, que eran su medio de vida. Para ahuyentar a los malos espíritus y evitar que robaran las cosechas o los animales, encendían hogueras. Cuando encienda una vela o haga una hoguera, piense en cómo puede proteger mejor a los que le rodean o incluso a usted mismo.

Puede dedicarse a la caridad en estas fechas e intentar ayudar a la gente del mundo.

## Litha (solsticio de verano)

Litha, *Midsummer* y solsticio de verano son los nombres de la misma festividad. Este día suele coincidir con el 21 de junio en el hemisferio norte y con el 21 de diciembre en el hemisferio sur. Como sugiere uno de sus nombres, es la mitad del verano y también el día más largo del año.

Durante la primavera, nuestros ancestros sembraban cultivos listos para ser cosechados en otoño. El solsticio de verano marcaba el final de la temporada de siembra, y los cultivos se regaban a partir de esta fecha. Por ello, la fiesta está estrechamente relacionada con el agua. Si ha plantado algo, riéguelo este día y también los demás, y sea consciente de lo que hace. Si ha plantado frutas o verduras, dé las gracias a la tierra y al agua por cultivar los alimentos que más tarde le nutrirán.

También puede centrar sus celebraciones en el agua. Mucha gente peregrina a lugares sagrados donde hay agua, y si encuentra alguno en su zona, puede hacer el viaje usted también. Si es un druida de seto y quiere celebrarlo a solas, puede renunciar a las multitudes y visitar una masa de agua que normalmente no visitaría. Puede optar por bañarse en un lago, flotar por un río en barco o pasar el día en la playa. Cuando lo haga, agradezca al agua todo lo que le aporta.

También debe ser consciente de la llegada de la oscuridad. No hay nada que temer, pero la celebración del solsticio de verano significa que a partir de ahora los días serán más cortos. Quédese despierto hasta que se ponga el sol para aprovechar al máximo el día y vuelva a consultar el diario que escribió durante Imbolc para asegurarse de que sigue adelante con su crecimiento, ya que Litha también es una celebración de su crecimiento personal.

## Lughnasadh

El solsticio de verano ha quedado atrás y se acerca el equinoccio de otoño. Esta fiesta comienza el 31 de julio, cuando el sol ya se ha puesto, y continúa hasta que el sol vuelve a ponerse el 1 de agosto. Aunque los días se acortan, ésta era una época de grandes celebraciones. Los cultivos estarían casi listos para ser cosechados, y eso significaría que habría comida para el invierno, asegurando la supervivencia.

Como nos acercamos a la cosecha, en esta época se suelen utilizar imágenes de cereales y otros cultivos. Puede utilizar hojas o mazorcas de maíz para decorar su casa. Puede hacer adornos con las cáscaras o con el trigo. Aunque nuestros ancestros no hacían palomitas, también se puede decorar con ellas.

Parte del nombre de la fiesta se traduce como reunión, y es tradicional durante este tiempo estar con la gente, así que puede invitar a gente a comer con usted, o si no quiere celebrarlo con otras personas, puede practicar su viaje astral y ver si hay otros seres o espíritus que puedan celebrarlo con usted.

Aunque no quiera tener gente cerca, puede incorporar personas a sus celebraciones. Se acerca la cosecha, y eso es un regalo. Puede simbolizarlo haciendo regalos a los demás. Puede hacer magdalenas con harina de trigo, regalar una barra de pan o un adorno hecho a mano. Y, mientras regala, piense en su propia gratitud. ¿Por qué está agradecido? ¿Qué le ha aportado este año? ¿Qué espera con ilusión? Puede anotar estos pensamientos en su diario.

## Mabon

Mabon, o equinoccio de otoño, tiene lugar alrededor del 22 de septiembre en el hemisferio norte y alrededor del 22 de marzo en el hemisferio sur. Las fechas exactas pueden cambiar de un año a otro. Es la época del año en la que los días y las noches tienen la misma duración.

La fiesta es también una celebración de la cosecha. La gente ya habría recogido todos los cultivos y los habría almacenado para el invierno. La comida era abundante y parte de ella se aprovechaba en un banquete. Antiguamente, la gente se reunía y todos contribuían. Usted puede hacer lo mismo organizando una comida en la que todos traigan un plato para compartir. Si no quiere celebrarlo con otras personas, puede cocinar comida para los demás. Regale platos a familiares y amigos, llévele comida a un vecino o désela a las personas sin techo. Si tiene más de lo que necesita, puede celebrar esta fiesta agradeciendo lo que tiene y compartiéndolo.

Estamos en una época de transición hacia el invierno, así que revise de nuevo su diario y asegúrese de que ha cumplido lo que se ha propuesto. Si no es así, mire en su interior e intente averiguar por qué no. Si no lo está haciendo, no tiene que preocuparse; simplemente cambie lo que está haciendo para seguir creciendo. Después de todo, ésta es una época de transiciones y no querrá desanimarse.

## Samhain

En muchas culturas, la gente celebra Halloween en esta época, alrededor del 31 de octubre en el norte y el 1 de mayo en el sur. Halloween se celebra generalmente el 31 por la noche, pero Samhain dura más. Comienza con la puesta de sol del 31 y continúa hasta la puesta de sol del 1 de noviembre. El equinoccio de otoño ha quedado atrás y empezamos a mirar hacia el invierno y a protegernos de los días cortos y la oscuridad.

Por supuesto, no necesitamos protegernos de la misma manera que lo hacían nuestros ancestros. Cuando llegaba el invierno, podía ser una época dura en la que la gente era susceptible al frío, y las amenazas podían golpear más fácilmente en la oscuridad. Es una época espiritual del año, y muchas personas se sienten más cerca de los muertos durante este tiempo. Halloween y el Día de los muertos también se celebran por estas fechas.

Es un buen momento para visitar a sus ancestros. Vuelva a visitar el altar que creo y pase un rato con los que ya no están. Asegúrese de llevarles alguna ofrenda, tal vez pan y vino. También puede practicar su viaje astral durante este tiempo, la barrera entre el mundo físico y el espiritual es más delgada.

Y el tema de la muerte no se centra sólo en ella, sino también en el cambio y el rejuvenecimiento. En primavera, estamos creciendo, pero en otoño, estamos cambiando. Revise sus planes y prepárese para revisarlos. Reflexione sobre usted mismo y piense en lo que necesita como persona.

## Yule

Puede que asocie Yule con la Navidad, y se ha relacionado, pero sólo porque la Navidad ha tomado mucho prestado de Yule. Yule también se conoce como el solsticio de invierno y cae alrededor del 21 de diciembre y el 21 de junio al otro lado del mundo.

Se trata de la última fiesta o festival del año, y es un momento para mirar hacia el año siguiente. Es el día más corto del año, lo que significa que los días van a empezar a ser más largos y que la luz vuelve al mundo.

Quizá conozca el tronco de Navidad, un pastel alargado con forma de tronco. Este postre se inspira en el tronco de Navidad, que se decoraba y se colocaba en la chimenea. Algunas personas llevaban un árbol entero a su casa en lugar de sólo un tronco, y de ahí viene la tradición del árbol de Navidad.

Puede celebrar Yule trayendo un tronco a casa y decorándolo. Lo tradicional es colocar el tronco en el hogar. Si no tiene hogar, puede colocarlo en cualquier lugar de la casa, quizá sobre la mesa, mientras prepara la comida para los demás o simplemente para usted. Puede decorar el tronco con lo que quiera, pero procure que sea natural y piense en el aspecto y el olor. Puede añadirle bayas para darle color, frutos secos para el aroma y otras hierbas y especias. Cuando termine Yule, puede quemar el tronco como combustible si tiene chimenea o quemarlo en el exterior para simbolizar el final de Yule.

## Celebración del Eisteddfod

Eisteddfod celebra lo que significa ser un druida bárdico. Se trata de un festival opcional, por lo que no es necesario celebrarlo si no quiere. Pero, si decide celebrarlo, puede hacerlo como parte de una comunidad o celebrarlo solo. Ni siquiera necesita celebrarlo con otros druidas si no hay ninguno cerca. Como druida del cerco, puede celebrarlo con gente de todas las creencias y credos. La fiesta no tiene connotaciones religiosas, así que todo el mundo puede participar.

El Eisteddfod es básicamente una calibración de los bardos. Quizá recuerde de algunos escritos anteriores que un bardo es alguien que puede hablar, inspirar, compartir oralmente y entretener. Eso puede parecer mucho, y puede que se esté imaginando a alguien como un bufón de la corte de antaño o a alguien de hoy con mucho talento, pero eso no tiene nada que ver con lo que realmente significa ser un bardo. Si ora, cuenta historias, lee en voz alta o algo por el estilo, ya es un bardo. Seguir la vida de bardo significa mejorar constantemente sus habilidades, así que si está haciendo eso, es un bardo druida. Y a menudo, cuando las cosas van mal, se vuelve más entretenido o tiene más espacio para mejorar.

Y, si realmente no quiere hacer nada de esto delante de nadie, puede cantar o leer u orar solo o a los espíritus. En lugar de leer un poema a un grupo de personas, puede ir a la naturaleza y leer a los espíritus. O puede sentarse en su altar ancestral y leer una historia a los que le han precedido. Incluso podría dedicar una canción o una lectura a los dioses y diosas.

## ¿Cómo se celebra el Eisteddfod?

Básicamente, esta celebración es una reunión de bardos para compartir canciones, historias, poemas y cualquier otro tipo de actuación. Como druida del cerco, puede que no tenga ningún otro druida con quien celebrarlo, o puede que no quiera celebrarlo con ningún otro druida. En este caso, tiene dos opciones principales. Puede invitar a no druidas a participar con usted o puede hacerlo solo. Ambas son válidas y ayudarán en su desarrollo personal.

En Gales se celebran Eisteddfods durante todo el año, y los más grandes son competitivos. No es necesario ser competitivo durante un Eisteddfod, y cuando esté empezando, no debería tener ninguna competición en el evento. A medida que progrese en su viaje, podrá ir a una competición de Eisteddfod u organizar la suya propia. Por supuesto, con cualquier cosa de esta naturaleza, la mejor actuación suele ser subjetiva, y de lo que se trata es de divertirse por encima de ganar.

Si quiere crear una comunidad a través de un Eisteddfod, una buena forma de hacerlo es alrededor de una hoguera. El escenario ya está preparado. Cuando las estrellas salen por encima, las llamas calientan a la gente y proporcionan algo de iluminación, el retablo perfecto para contar historias. El fuego es también un lugar donde a la gente le gusta naturalmente reunirse, y a menudo inspira la creatividad de las personas.

En el nivel más básico, se pueden contar historias sobre el fuego. Puede que alguna vez se haya sentado alrededor de un fuego y la gente haya contado historias una a una sin darse cuenta, y esto ya es un Eisteddfod. Pero, si es el anfitrión, debe ser más previsor y dar tiempo a la gente para que se prepare. Todo el mundo debe tener la oportunidad de interpretar algo, tan breve o tan largo como quiera. Puede leer un poema de un libro, contar una historia divertida, cantar una canción, bailar, contar chistes, representar algo o actuar de cualquier otra forma. Esta es una oportunidad para compartir, así que asegúrese de que se respeta a todo el mundo cuando comparta lo que ha traído.

No es necesario que el Eisteddfod se celebre alrededor de una hoguera; puede organizarlo donde quiera. Incluso puede combinar el festival con uno de los festivales o fiestas mencionados anteriormente como forma de celebrar la festividad, y si lo hace, puede adaptar las actuaciones a la festividad.

Si lo celebra con otras personas que no son druidas, en esencia sigue siendo un druida del cerco. Si usted es un druida del cerco, pero quiere salirse de eso y formar una comunidad druida, entonces un Eisteddfod es una gran manera de hacerlo.

Si quiere hacerlo solo, también está bien. Puede celebrar el Eisteddfod como parte de una de las otras fiestas. Puede hacerlo en casa con comida, o puede sentarse junto al fuego usted solo. A veces, la soledad ayuda a engendrar la mayor creatividad. Como está solo, no tiene que adaptar su actuación al público. Puede actuar como quiera y utilizar esta actuación como práctica para los Eisteddfods, en los que actuará delante de otras personas.

Si le preocupa cómo empezar, puede empezar leyendo un poema sencillo. Elija su poema favorito y, en lugar de leerlo internamente, léalo en voz alta. Es probable que el proceso le resulte estimulante.

Una cosa clave para recordar es que el Eisteddfod es una celebración de ser un bardo druida, así que si encuentra que no está disfrutando el proceso, entonces la vida de bardo puede no ser para usted, y no hay vergüenza en admitirlo. De hecho, muestra fortaleza para poder dejar algo atrás y enfocarse en otras zonas de su viaje druida. Si esta celebración le hace un mejor druida, continúe, y si no, intente otra cosa.

# Capítulo 10: Hechizos y rituales

Una vez que se convierta en druida, podrá manipular el mundo que le rodea de muchas maneras. Ahora, antes de empezar, es importante que entienda que no va a poder crear bolas de fuego que maten dragones. Esta magia trabaja con la naturaleza y no es destructiva de ninguna manera. La manera druida es sutil y útil. Se intenta causar la menor perturbación posible.

Los hechizos son importantes para realizar la magia druida
https://unsplash.com/photos/D6sF071Cmds

Si no se siente desanimado por la falta de bolas de fuego, siga leyendo para descubrir cómo puede realizar magia druida.

# Rituales

### Ritual de curación del alma

Utilice este ritual para curar el dolor.

¿Alguna vez ha sentido que su alma necesitaba curación? Eso puede venir después de heridas leves en su estado físico, mental y emocional. Este ritual es una buena manera de cuidar de su espíritu y repararlo cuando sea necesario. Es un buen ritual para hacer de forma regular sólo para asegurarse de que se mantiene equilibrado.

**Qué necesita:** Romero, salvia, tomillo, cordel, tijeras, velas, incienso

**Preparación:** El romero, la salvia y el tomillo pueden ser frescos o secos, pero deben estar en ramitas. Ate los tres juntos con el cordel.

### El ritual:

1. Prepare un baño.
2. Rodee la bañera con incienso y velas. Este paso es opcional, pero prepare el baño para que esté lo más cómodo posible.
3. Coloque su manojo de hierbas en la bañera.
4. Métase en la bañera, túmbese y relájese con los ojos cerrados.
5. Cante: «Romero, tomillo y salvia, aten mi pena y apártenla de mí».
6. Piense en su pena y reconózcala.
7. Pida al romero que le recuerde a la persona asociada con la pena. Puede usar sus propias palabras, y mientras habla de la persona o cosa, sienta cómo el romero lo absorbe y le da imágenes de esa persona o acontecimiento.
8. Pida a la salvia que le ayude a limpiar el sentimiento de pena, y sienta cómo la salvia absorbe el dolor mientras pronuncia las palabras en voz alta.
9. Pida al tomillo que le dé fuerzas para seguir adelante con su vida, para que pueda afrontar de nuevo acontecimientos similares con sabiduría y gracia.
10. Relájese en la bañera y deje que le invadan los sentimientos.

### Ritual del equilibrio

Utilice este ritual para equilibrarse durante el equinoccio de primavera.

Se trata de un ritual que se realiza en un momento concreto del año, por lo que se recomienda hacerlo todos los años para sacarle el máximo partido. Lo va a realizar en el equinoccio de primavera, cuando el equilibrio entre la noche y el día es el mismo. Es una buena forma de centrarse y mirar hacia el futuro.

**Qué necesita:** Un altar (consulta el capítulo anterior sobre la creación de un altar) y ofrendas de pan o miel e hidromiel o vino.

**Preparación:** Tiene que encontrar un lugar donde no le molesten. Lo mejor es hacerlo al aire libre para que pueda estar bajo el sol cuando haga este ritual. Dejará el altar todo el día en el mismo lugar, así que asegúrese de que nadie tropiece con él.

**El ritual:**

1. Antes de que salga el sol, salga al espacio que va a utilizar y prepare el altar y las ofrendas. También puede hacerlo el día anterior si no tiene tiempo de hacerlo el mismo día.
2. Cuando disponga su ofrenda, ofrézcala a la naturaleza, utilizando para ello sus propias palabras.
3. Cuando empiece a salir el sol, reconózcalo: *«Hoy es un día de equilibrio, y empieza con la llegada de la luz. Los días empezarán a ser más largos, y eso significa que hay infinitas posibilidades ante mí»*.
4. Canta «Gywar» (Guu-iar) una y otra vez mientras piensa en el poder del sol. *Gywar* se traduce como fluir.
5. Póngase al sol todo el tiempo que quiera, sintiendo cómo se baña con su luz. Sea consciente. No debe mirar fijamente al sol, sino ver lo que ilumina a medida que se eleva y observe cómo cambian los colores a medida que el sol se eleva en el cielo.
6. Si tiene tiempo, haga alguna meditación de su elección.
7. Vuelva a tiempo para la puesta de sol.
8. Cante *«Calas»* una y otra vez tantas veces como quiera. *Calas* se traduce como conexión a tierra.
9. Quítese los zapatos si aún no lo ha hecho. Sienta el suelo bajo sus pies y sea consciente de ello. La oscuridad está llegando, pero es sólo una transición, y le damos la bienvenida.
10. Termine recogiendo el altar y las ofrendas.

### Ritual de curación con agua

Utilice este ritual para curarse a usted mismo y a la tierra.

Cuando esté conversando y en comunión con la naturaleza, tendrá una idea de cómo está reaccionando la naturaleza al mundo que la rodea. Este es un buen ritual para ayudar a la naturaleza a mantener el equilibrio, y también puede ayudar a curarse de cualquier dolor físico que pueda estar experimentando. Puede hacerlo en torno a cualquier fuente de agua, pero será especialmente poderoso en torno a las fuentes de agua que considere sagradas.

**Qué necesita:** Recipiente para el agua, hierbas y plantas de su elección.

**Preparación:** Es importante pasar tiempo en la naturaleza primero y ser capaz de estar en comunión con ella antes de intentar este ritual. No va a salir mal, pero puede perder el tiempo si intenta curar lo que no está roto. Dedique tiempo a encontrar las fuentes de agua que están desequilibradas antes de decidir dónde curar. Consulte también nuestra lista de plantas y hierbas sagradas, o investigue por su cuenta para decidir qué plantas y hierbas sería mejor utilizar, en función del desequilibrio que encuentre. Hierva agua y añada las hierbas. Deje enfriar el agua y colóquela en el recipiente para llevarla con usted.

### El ritual:

1. Busque un lugar junto a la fuente de agua donde no le molesten.
2. Es opcional colocar un altar junto a la fuente de agua, pero asegúrese de estar en un lugar donde el altar no vaya a ser molestado.
3. Medite primero antes de continuar con este ritual. Preste atención al agua mientras se sienta junto a ella. Sienta el rocío en la cara, escuche el murmullo, observe la corriente y toque el agua para sentir su frescor. Debe sentir una conexión con la fuente de agua antes de continuar.
4. Tome dos piedras (o cualquier otro objeto) y golpéelas al compás de los latidos de su corazón. Con el tiempo, puede que note que los latidos se desvían de los suyos, y debe dejar que lo hagan. Éste es el latido del corazón del agua.
5. Vierta su tintura de agua en la fuente de agua.
6. Mientras añade el agua, recite cualquier palabra que se le venga a la mente o que crea que puede ser apropiada para la curación.

7. Introduzca la mano en el agua e intente sentir cómo la mezcla fluye hacia la fuente de agua en su conjunto. Cierre los ojos e intente ver la curación en su mente. Piense en el ecosistema como un todo y, mientras lo hace, sienta que su propio cuerpo también se cura a medida que se convierte en uno con el agua.
8. Repita el latido golpeando de nuevo las dos piedras. Puede continuar así todo el tiempo que le parezca.
9. Agradezca a la naturaleza y a los espíritus por permitirle formar parte del proceso y por darle las habilidades y herramientas para ayudar a sanar algo mucho más grande que usted.
10. Tome sus herramientas y deje el espacio tal y como lo encontró.

### Ritual de bendición

Utilice este ritual para sanar y bendecir la tierra que le rodea.

Usted debe estar agradecido por lo que la naturaleza le ha dado, y debe ser una parte regular de su práctica del druidismo realizar rituales de curación y bendición. Encontrará que cuando está bendiciendo la tierra regularmente, será más fácil visitar espíritus, comulgar con la naturaleza, y estar más preparado para el viaje astral.

**Lo que necesita:** Ramas, hierbas, plantas, flores secas, piñas, todo caído en la naturaleza, cordel o atadura natural, un mechero, cera (opcional)

**Preparación:** La idea es crear un manojo que arda o humee. Todo lo que utilice debe ser natural y haber caído, así que no vaya por ahí arrancando ramitas o hierbas. Busque aquello que la naturaleza ha desechado. Coja todos los materiales naturales que haya reunido y combínelos. Quizá pueda unirlos en ramitas, pero si tiene elementos como piñas, quizá tenga que atarlos en paquetes y añadirles cera para mantenerlos unidos. También necesitará un fuego y estar al aire libre. Este es un ritual perfecto para combinar con uno de los festivales del fuego descritos en un capítulo anterior, ya que ya tendrá un fuego, pero se puede hacer en cualquier momento.

**El ritual:**

1. Busque su lugar. Quiere estar en la naturaleza, pero también quiere tener cuidado. Si puede encontrar un lugar con una hoguera, estupendo. Este es un gran ritual para hacer mientras acampa.
2. Encienda el fuego y espere a que se consuman las brasas.

3. Declare sus intenciones antes de añadir su manojo. Puede que quiera estar más en sintonía con la tierra, que sólo quiera bendecirla o mostrar su gratitud por lo que la tierra le da.
4. Ponga su manojo encima de las brasas.
5. Mientras arde, observe el fuego y busque formas, símbolos o masajes que pueda interpretar. Puede que la naturaleza intente enviarle mensajes a través de las llamas.
6. Si le apetece, también puede cantar, bailar, actuar, tocar el tambor, etc.
7. Deje que el fuego se apague antes de irse, y recuerde siempre dejar el espacio tal y como lo encontró.

# Hechizos

### Hechizo de protección - Trenza de cebolla

Puede usar este hechizo para proteger su casa diariamente, o puede ser más intencional y hacer múltiples trenzas de cebolla para protegerse cuando esté viajando por el plano astral. *Recomendación: coloque una en cada umbral de su casa o coloque cuatro a su alrededor en los puntos cardinales si está viajando por el plano astral.*

Necesitará cebollas con la parte superior verde todavía unida y un hilo o cordel largo. Atará las cebollas una a una al hilo y a la cuerda, atando al menos siete cebollas a la cuerda. Lo importante es conjurar sus intenciones en las cebollas mientras las ata.

Si quiere proteger su casa, use sus palabras para enlazar la intención con las cebollas. Si es específicamente para protegerse mientras viaja, conjúrelo. También puede trenzar cebollas si quiere proteger a una persona, pero puede que no sea práctico para ella o para usted llevar una ristra de cebollas alrededor del cuello.

### Aceite protector

Esta es una gran tintura para cuando esté viajando en el reino espiritual o cuando se sienta atacado por energía espiritual. Puede llevarlo en un frasco alrededor del cuello, aplicarlo sobre la piel o rociarlo por toda la casa. No sólo añadirá protección, sino que también olerá muy bien.

**Necesitará:** ¼ de taza de aceite portador de su elección (como el de jojoba), tres gotas de pachulí, tres gotas de lavanda, dos gotas de artemisa y una gota de aceite de limón.

Mezcle los aceites y, mientras lo hace, piense por qué necesita protección. Preste atención al mezclar el aceite e intente que ese pensamiento fluya hacia el aceite y se fije en él. Una vez mezclado el aceite, viértalo en un frasco o en un pulverizador si lo va a utilizar en casa, y guárdelo en un lugar oscuro y fresco.

**Hechizo musical - felicidad**

Si se siente infeliz en su vida o quiere inspirar felicidad en otros, puede incorporar música en el proceso. Esto es un gran hechizo si usted se siente un druida bardo, aunque usted no necesita ser adepto a la música para lanzar este hechizo. Se basa en el golpe de un tambor, y puede utilizar un tambor o cualquier otra cosa para crear el ritmo. Y no se preocupe si usted no es musical en absoluto; sólo necesita concentrarse en la intención del hechizo.

**Qué necesita:** Incienso, un mechero, cintas, un tambor o algo para sustituirlo.

Encienda el incienso. Puede elegir cualquier incienso que guste para este hechizo, pero debe tratar de que coincida con la persona que se va a beneficiar del hechizo. Elija el que más le guste para el hechizo o pregúntele a la persona qué le gustaría.

Ate cintas de colores al tambor o a los artículos que están sustituyendo al tambor. Esto puede parecer que no hace ninguna diferencia en el hechizo, pero la adición de colores brillantes inyecta un poco de diversión y ayuda a centrar sus intenciones.

Empiece a tocar el tambor. No hace falta que sea el mejor, pero si no encuentra un buen ritmo, intente sentir los latidos de su corazón y tocar el tambor con ellos. Si no necesita algo que le ayude con el ritmo, puede empezar con un ritmo lento que imite los latidos del corazón.

Sienta vibrar el tambor y deje que esas vibraciones suban por su cuerpo. Si el hechizo es para usted, sienta cómo las vibraciones rompen la tristeza que lleva dentro. Si es para otra persona, trate de exudar las vibraciones, y aquí es donde las intenciones importan más que el talento musical. Lo mejor de este hechizo es que puede hacerlo a distancia. Está enviando las vibraciones y la intención al mundo.

Cierre los ojos y trate de sentir los latidos. Si necesita ir más rápido o más despacio, escuche su intuición y déjese llevar. A veces, puede sentir a los espíritus de la naturaleza de los hados cantando o bailando con usted. Cuanto más se reúna con ellos, más probable será que se unan.

# Investigue

Aquí sólo he mencionado algunos hechizos y rituales. Hay cientos de ellos por ahí para que los descubra, pero eso está más allá del alcance de este libro. Comience con los fundamentos del druidismo antes de sumergirse en hechizos más difíciles y poderosos. Cuanto más practique lo básico, más va a poder dominar las cosas difíciles.

Y, como la mayoría de las cosas, los hechizos y rituales no van a venir a usted inmediatamente. Puede que sí, pero es poco probable. Así que no se desanime si algo no funciona a la primera. Necesita practicar todo en la vida, y el druidismo es un viaje. De hecho, podríamos llamarlo una práctica, ya que va a estar practicándolo durante toda su vida. No hay nadie que haya dominado el arte del druidismo.

# Conclusión

Así, llegamos al final del libro; ha sido bueno haberle tenido a lo largo del viaje, y espero que tome este libro una y otra vez a lo largo de su viaje y lo consulte mientras crece como druida. Sólo con llegar hasta aquí, ya ha dado pasos de gigante en su camino hacia el druidismo del cerco. Ahora sólo queda poner en práctica lo aprendido.

Usted ahora sabe un poco sobre lo que significa ser un druida y de dónde vino el druidismo. Esto le va a ayudar a entender mejor la evolución de un druida desde los tiempos antiguos hasta los tiempos modernos y también le conectará mejor con sus ancestros de la tradición. Ha visto que ser un druida hoy no es tan diferente de cómo solía ser, y todas las maneras que otras religiones y formas de vida han tomado prestado de la vida pagana.

El druidismo, de muchas maneras, se trata de vivir una buena vida y atender a la naturaleza, pero va más allá de eso, literalmente. Incluso un druida del cerco puede tener alguna comunidad, y es importante para usted considerar el mundo y la gente, pero ahora sabe que hay más que sólo lo que el ojo puede ver. Empezar su viaje druida significa más que sólo leer y hacer, hará un viaje espiritual también, y eso significa desarrollar lo que está dentro y viajes físicos o metafísicos en los mundos que yacen al lado del nuestro.

Hay mucho que asimilar en este libro, así que vuelva a leerlo una y otra vez para que absorba todo; hay algunos puntos importantes, y no todo va a venir inmediatamente.

Enviaré hechizos de felicidad todos los días con la esperanza de que alguno le llegue y le inspire en su viaje.

¡Buena suerte!

# Vea más libros escritos por Mari Silva

## Su regalo gratuito

¡Gracias por descargar este libro! Si desea aprender más acerca de varios temas de espiritualidad, entonces únase a la comunidad de Mari Silva y obtenga el MP3 de meditación guiada para despertar su tercer ojo. Este MP3 de meditación guiada está diseñado para abrir y fortalecer el tercer ojo para que pueda experimentar un estado superior de conciencia.

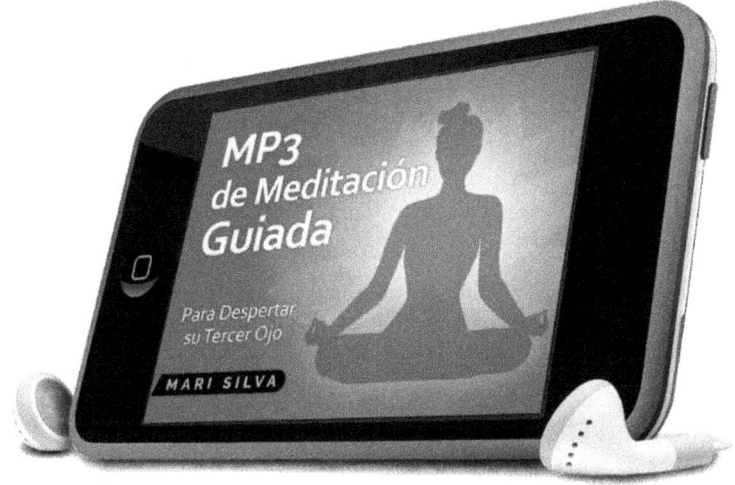

https://livetolearn.lpages.co/mari-silva-third-eye-meditation-mp3-spanish/

# Referencias

"What is Druidry?" Druidry.org, https://Druidry.org/Druid-way/what-Druidry

"About Druidry" The Druid Network, https://Druidnetwork.org/what-is-Druidry/

"Why do we know so little about the Druids?" National Geographic, https://www.nationalgeographic.com/history/article/why-know-little-Druids#:~:text=The%20word%20comes%20from%20a,from%20outsiders%2C%20particularly%20the%20Romans

"Who were the Druids?" Historic UK, https://www.historic-uk.com/HistoryUK/HistoryofWales/Druids/

"An Introduction to the Basics of Modern Druid Practice" The Druid Network, https://Druidnetwork.org/what-is-Druidry/learning-resources/shaping-the-wheel/introduction-basics-modern-Druid-practice/

"What is Awen?" The Druids Garden, https://theDruidsgarden.com/tag/what-is-awen/

"Awen" Druidry.org, https://Druidry.org/resources/awen

"The Quest for Awen." The British Druid Order, https://www.Druidry.co.uk/awen-the-holy-spirit-of-Druidry/

"A Druid's Guide to Connecting With Nature." The Druid's Garden, https://theDruidsgarden.com/2018/07/08/a-Druids-guide-to-connecting-with-nature-part-i-a-framework/

"Walking Meditation: Druidic Being in the World." Ancient Order Of Druids In America, https://aoda.org/publications/articles-on-Druidry/walking-meditation-Druidic-being-in-the-world/

"A Druid's Meditation Primer" The Druid's Garden, https://theDruidsgarden.com/2018/02/11/a-Druids-meditation-primer/

"Lesson Four ~ The Ancestors And The Living Land." The Druid Network, https://Druidnetwork.org/what-is-Druidry/learning-resources/polytheist/lesson-four/

"Ancestral Wisdom In Contemporary Druidry." Ancient Order Of Druids In America, https://aoda.org/publications/articles-on-Druidry/ancestral-wisdom-in-contemporary-Druidry/

"The Intention Of Druid Rites" Grove Of Nova Scotia Druids

"How To Find My Your Spirit Animal" What Is My Spirit Animal, https://whatismyspiritanimal.com/how-to-find-your-spirit-animal-complete-guide/

"Astral Projection Basics." Celtic Connection, https://wicca.com/meditation/astral.html

"Grounding Exercises." Living Well, https://livingwell.org.au/well-being/mental-health/grounding-exercises/

"Pagan Holidays and Thee Wheel of the Year For Beginners." The Peculiar Brunette, https://www.thepeculiarbrunette.com/pagan-holidays-and-the-wheel-of-the-year/

"The Gaelic Tree Alphabet." Darach Social Croft, https://darachcroft.com/news/the-gaelic-tree-alphabet

"Plant Lore." The Druid Way, https://Druidry.org/Druid-way/teaching-and-practice/Druid-plant-lore

"The Use of Herbs." The Druid Network, https://Druidnetwork.org/what-is-Druidry/learning-resources/polytheist/lesson-fourteen

www.ingramcontent.com/pod-product-compliance
Lightning Source LLC
Chambersburg PA
CBHW051844160426
43209CB00006B/1145